COUTUMES

DE

CLERMONT-DESSUS

EN AGENAIS

1262

PUBLIÉES PAR

Hippolyte RÉBOUIS

LICENCIÉ ÈS LETTRES ET EN DROIT, ANCIEN ÉLÈVE DE L'ÉCOLE
DES CHARTES ET DE L'ÉCOLE DES HAUTES-ÉTUDES.

PARIS

L. LAROSE, LIBRAIRE-ÉDITEUR

22, RUE SOUFFLOT, 22

1881

COUTUMES

DE

CLERMONT-DESSUS

EN AGENAIS

1262

PUBLIÉES PAR

Hippolyte RÉBOUIS

LICENCIÉ ÈS LETTRES ET EN DROIT, ANCIEN ÉLÈVE DE L'ÉCOLE
DES CHARTES ET DE L'ÉCOLE DES HAUTES-ÉTUDES.

PARIS

L. LAROSE, LIBRAIRE-ÉDITEUR

22, RUE SOUFFLOT, 22

1881

COUTUMES

DE

CLERMONT-DESSUS

INTRODUCTION

La petite ville de Clermont-Dessus, en roman, Clarmon-Sobeira, est aujourd'hui une commune du canton de Puymirol (Lot-et-Garonne). Sa population est de 450 habitants. Elle a été ainsi appelée dès le moyen âge pour se distinguer de Clermont-Dessous, commune du canton du Port Sainte-Marie, placée en aval de la Garonne.

Au centre de la ville est le château entouré des maisons qui semblent s'abriter autour de lui. Il est assis sur un mamelon élevé et assez distinct du fond monotone des collines qui bordent la rive droite du fleuve. De l'esplanade du château on domine la vallée qu'arrose la Garonne et que traversent le canal latéral et le chemin de fer du Midi.

Le château de Clermont était entouré de trois enceintes de murailles superposées qui existent en partie. Les murs de la prison se voient encore à côté du château. Dans la cour, on rencontre des silos taillés dans le roc.

Clermont n'a plus l'importance que lui donnent les Coutumes de 1262 ; le souvenir du marché du samedi (art. 65) ne s'est même pas conservé parmi les habitants ; il en est de même du lien qui rattachait les vingt-deux paroisses environnantes aux seigneurs de Clermont.

La seigneurie de Clermont-Dessus était une des plus importantes de l'Agenais. *Bertrand de Durfort* dit *Gratalpa* ou *Gratapala,* était, en 1092, propriétaire de la terre de Clermont-en-Agenâis par indivis, sans doute, avec Bernard et Guillaume Saxet de Durfort, car ceux-ci avaient promis, l'année précédente à Matfrédus, abbé de Saint-Maurin, de ne rien percevoir sur les denrées qu'il ferait transporter au marché de Clermont.

La seigneurie de Clermont fut érigée en baronie au profit du seigneur de Durfort, en 1208, sous Raymond V, comte de Toulouse.

La plus grande partie de cette terre advint à la famille de *l'Isle-Jourdain* par le mariage, en date du 15 décembre 1270, de Guillelme de Durfort avec Jourdain V, seigneur de l'Isle-Jourdain. *Jean Jourdain II*, comte de l'Isle, la céda en 1375 à *Jean II*, comte d'Armagnac, avec les seigneuries de Dunes (1), de Belcayre (2), etc., en échange de diverses seigneuries situées dans le Lauraguais et dans le comté de Carcassonne.

Après la seconde saisie des biens de la maison d'Armagnac, Louis XI en fit don à son frère *Charles*, duc de Guyenne, qui, à son tour, donna le 23 février 1463, la seigneurie de Clermont-Dessus à *Robert de Balsac*, seigneur d'Entragues. Toutefois celui-ci ne put en prendre possession qu'après un long procès avec Charles, comte d'Armagnac, à qui Charles VIII restitua, en 1483, les biens de sa maison.

Marie de Balsac, fille et héritière de Henri de Balsac, marquis de Clermont-Dessus, baron de Dunes, porta le 28 mai 1651, ces seigneuries en mariage à *Jean Gaspard de Marchin* dont elle eut un fils, *Ferdinand, comte de Marchin*, maréchal de France, mort en 1706, laissant une succession chargée de dettes. Les créanciers poursuivirent en conséquence la vente de la terre de Clermont, érigée en marquisat depuis le mois de janvier 1617 et, en vertu d'un arrêt rendu par le Parlement de Paris, le 4 avril 1710, la vendirent le 10 février 1711 par devant Ballin et son confrère, notaires à Paris, à *Thomas de Gasquet*. Elle lui fut adjugée par décret

---

(1) Dunes. — Tarn-et-Garonne (arrondissement de Moissac, canton d'Auvillars).

(2) Belcayre. — Aude (arrondissement de Limoux, canton).

volontaire donné de l'autorité des requêtes ordinaires de
l'hôtel du roi, le 12 décembre 1712.

Joseph de Gasquet, fils de ce dernier, la vendit à son tour
le 9 décembre 1774, à *Jean-Baptiste de Picot*, chevalier de
Saint-Louis, moyennant 442 mille livres. Elle comprenait
alors 3000 hectares de fonds ruraux, 200 hectares de fonds
nobles dont le seigneur possédait 100 hectares de nobles.
Le reste était tenu en roture, sous les droits de fief, cens et
rentes.

Jean-Baptiste de Picot la revendit peu de temps après à
Charles François comte de *Lameth*. Celui-ci figure en effet,
en 1789, aux États d'Agenais en sa qualité de marquis de
Clermont-Dessus.

Une demoiselle Lameth porta en dot le château de Cler-
mont-Dessus à M. de Nicolaï. Cette famille a vendu succes-
sivement les propriétés et le château lui-même à la famille
de Laborie qui le possède aujourd'hui.

Cependant la seigneurie de Clermont ne suivit pas entiè-
rement ces divers degrés de transmission de propriété.
Ainsi, après le mariage de Guillelme de Durfort qui porta
en dot à son mari la plus grande partie de la seigneurie de
Clermont, l'autre partie appartint longtemps encore à la
famille de *Durfort* et à des familles alliées à celle-ci. Il ré-
sulte en effet d'une enquête produite devant le conseil du
roi par Robert de Balsac contre Charles d'Armagnac qu'il y
avait alors, dans Clermont, *plusieurs forteresses et maisons
fortes dans quatre desquelles habitaient certains co-seigneurs*
comme ceux de *Lustrac*, de *Beaugemont*, de *Boyssières*. Les
Durfort étaient en effet seigneurs de Beaugemont et de
Lafox, de Boyssières et de Léobard, etc.

Ainsi, nous trouvons en 1470, *Jean d'Aspremont*, seigneur
de Roquecor et co-seigneur de Clermont-Dessus, par le ma-
riage d'un de ses aïeux Isarn d'Aspremont avec Grande de
Durfort, tous deux nommés dans les Coutumes de 1262. Ces
co-seigneurs disparurent avec les Balsac qui, sans doute,
achetèrent leurs droits (1).

Il ne nous est rien parvenu des archives du château de

(1) Nous prions M. F. Moulenq, secrétaire de la Société Arch. de Tarn
et Garonne et M. Pons, notaire à Golfech, de recevoir ici nos remerci-

Clermont car elles furent brûlées sur la place publique pendant la Révolution en haine de la féodalité et des abus de
l'ancien régime. Aussi les archives d'Agen ne possèdent-elles
pas le texte des Coutumes de Clermont dont le seul exemplaire que nous connaissions est à la Bibliothèque nationale,
fonds fr. n° 25,235.

Ce manuscrit est l'ancien manuscrit n° 554 de Gaignières
connu sous ce faux titre : *Cartulaire contenant des titres de
Durfort.* C'est un manuscrit du xıvᵉ siècle composé de 32 feuillets de parchemin contenant les Coutumes de Clermont-
Dessus accordées le 27 février 1262 par les seigneurs de
Durfort. Les feuillets 1-22 contiennent le texte complet des
coutumes rédigées par *Pons Mainard*, notaire public d'Agen,
le même qui écrivit huit ans plus tard, le 25 mai 1270, la
charte de Coutumes de Larroque-Timbaud (1). Les feuillets
23-26 reliés avec les précédents contiennent la fin du texte
des coutumes d'une écriture antérieure de 50 ans environ à
celle du texte des feuillets 1 à 22. Le feuillet 23 ayant porté
le n° 17 les seize premiers feuillets de cette première rédaction
ont donc disparu. Les deux textes n'ont d'ailleurs entre eux
que des différences philologiques et orthographiques. Enfin
les feuillets 27-32 sont occupés par un calendrier latin.

Le texte des Coutumes n'étant pas divisé en alinéas et ne
portant de rubriques qu'au folio 14, nous l'avons divisé
pour l'intelligence du sens en 79 articles avec sommaires.

Nous avons adopté pour la publication de cette charte de
Coutumes la méthode que M. de Rozière a bien voulu nous
indiquer. A côté du texte, que nous avons cherché à reproduire fidèlement, nous donnons une traduction sommaire.
Nous avons fait en sorte de la donner aussi claire que possible, sans nous flatter d'avoir toujours trouvé la meilleure
interprétation. Nous rappelons que les numéros et les titres
placés en tête de chaque chapitre n'appartiennent pas au
texte du manuscrit. Les notes indiquées par des chiffres sont
elatives à des observations sur les mots, les concordances

ments pour les renseignements qu'ils nous ont fournis sur l'histoire de
la seigneurie de Clermont.

(1) *Coutumes de Larroque-Timbaud*, publiées par M. Moullié dans la
Revue historique de Droit français et étranger, t. X, 141, 391 ; XI, 73.

ou rapprochements avec d'autres documents de la même nature et de la même époque, notamment avec les Coutumes de Larroque-Timbaud, avec les dispositions analogues du Droit romain et de notre Droit civil.

Nos lecteurs nous sauront gré d'avoir apporté un élément de plus au travail que nécessitera un jour la comparaison des Coutumes de l'Agenais et du Quercy, seul moyen d'arriver à les bien comprendre.

Mais nous ne possédons pas encore, disait M. de Rozière dans son introduction à la Coutume de Thégra (1), un assez grand nombre de textes ; il faut donc aller au plus pressé, exhumer cette masse de Coutumes, de statuts, de styles qui dorment dans la poussière de nos archives. Nous avons voulu répondre à son appel ; que ce soit là notre mérite et notre excuse.

E. H. Rébouis.

(1) *Revue de législation*, t. I (1870-1871).

COUTUMES DE CLERMONT-DESSUS

27 FÉVRIER 1262

En nom del payre e del fihl e del sant Spirit, amen, e de nostra dona sancta Maria e de totz los sans e sanctas de paradis et de tota la cort celestial de paradis e de sancta Victoria martira.

CONCESSION DES COUTUMES. — NOMS DES SEIGNEURS, DES CHE-VALIERS ET DES DAMOISEAUX.

Conoguda causa sia als presens e als avenidors que li nobles baros, los senhors del castel de Clarmon-sobeira, so es assaber : Ramou B. de Durfort (1), en Arnaut de Durfort, ensemble Sayset, en Baudoys de Durfort e sos frayres, ensemble Doissima, en Isarns d'Aspremont, per si e per la dona na Granda de Durfort sa molher, e Bertrans de Sen-Geners, per si e per la dona na Martina de Durfort sa molher, volen perveire al cominal profiech de layns (2) castel, e de sos apartens, e de sos habitans he habitadors, e de las lors causas, ab voluntat e ab autriamen dels cavalhers e dels donsels del meis castel :

So es assaber d'en B. de sant-Peire-Avals, e d'en Arnaut del Bruhl, e d'en Arnaut de Fonthanihlas, e d'en Segui de

---

Au nom du Père et du Fils et du Saint-Esprit, amen, et de Sainte Marie et de tous les saints et saintes du Paradis et de sainte Victoire, martyre.

Sachent tous présents et à venir que les seigneurs de Clermont-Dessus : Raymond B. de Durfort, Arnaut de Durfort, Saisset, Baudouin de Durfort et ses frères, Doissima, Isarn d'Aspremont, pour lui et pour sa femme Grande de Durfort, Bertrand de Sen-Geners pour lui et pour sa femme Martine de Durfort, voulant favoriser la prospérité du château et de ses dépendances, des habitants et de leurs biens, avec le concours des chevaliers et des da-

Gasques, e d'en Sene Bru de Puech-Barsac, e d'en senher
Aymar de Ribayrola, e d'en B. de S. Peire-Avals, e d'en
Peire de Gasques, e d'en Augier de Puech-Barsac, filh d'en
Arnaut de Durfort, qui fo, e d'en B. W. de San-Peire-Avals
lo jove e d'en Grimoart de Puech-Barsac.

E d'autriamen de la universitat del meis castel, donero et
autregero, per; lor e per totz los lors, presense avenidors,
per totz temps, als habitans, ebitadors del meis castel e a
totz aquels que seran habitans del dich castel, e totas e cada
un, las costumas que son contengudas en aquesta present
carta per las cals sion governatz.

I. — *Des hérétiques.*

Tot primerament acostumero e establiro que per totz
temps hereges (3) e ensabatatz (4), o per qual que nom sia
apelat herege, sia gitat e decassat del predich castel e de
dins los dretz, e que neguna persona nols recepia ni lor
done cosselh, ni ajuda, ni a manja, ni a beure, sienmen ; an
qui los i sabia que los preses e que los rendes als senhors
o a lor Baile e que ne fasion la justicia que deu estre facha
d'eretges.

II. — *Serment que doit prêter tout nouveau seigneur.*

E quant alcus senhortz de Clarmon comensara primieyra-
ment renhar en la senhoria de Clarmon apres la mort de

---

moiseaux de Clermont : B. de Coupet, Arnaut du Bruhl, Arnaut de
Fontanilles, Seguy de Gasques, Bru de Puech-Barsac, Aymar de
Ribayrole, B. de Coupet, Pierre de Gasques, Augier de Puech-
Barsac, fils d'Arnaut de Durfort; B. W. de Coupet, Grimoart de
Puech-Barsac, et avec le concours de tout le peuple, accordent et
octroient, pour eux et pour leurs descendants, à tous les habitants
de Clermont les coutumes contenues dans cette charte.

I. — Les hérétiques et les Vaudois doivent être chassés du
château de Clermont et de ses dépendances et personne ne doit
les recevoir ni leur donner conseil, ni aide, ni nourriture, mais au
contraire les arrêter et les livrer au baile.

II. — A l'avénement du nouveau seigneur, par la mort du pré-

son paire o en autra manieira, totz los homes de Clarmon
e de dins los dretz de XIIII ans (6) e d'aqui en sus, vengo
d'avan lui al dia que lor asignara.

E jure sobre sans evangelis davan totz que el, a totz e a
cadaun los habitans he els habitadors de Clarmon et de dins
los dretz, sera bos e lials en la senhoria del meis loc e gar-
dara, ses tot enfranchamen, lors fors e las costumas els sta-
blimens del meis loc e totas lors franquetatz e lors drechuras;
els gardara en plag e fora plach de tort, e de forsa, per totz
loctz, de si meis e d'autrui, asson lial poder e bona fe e fara
dregh al maior e al menor (7).

III. — *Serment de fidélité des habitants.*

E ades equi meis que totz e cadaus juro a lui sobres sans
Evangelis que els saran bos e lials e fizels en la sua par-
tida (8) de la senhoria del meis castel e gardaran sa vida e
sos membres essa senhoria e totas sas drechuras per totz
loctz, a lor lial poder, a bona fe, salvans lor costumas et lors
franquetatz.

IV. — *Limites géographiques de la terre de Clermont.*

E acostumero que aia dretz a Clarmon e totz li home e
las femnas ; e lors causas que staran dins los dretz (9) sian

---

cédent ou de toute autre manière, tous les hommes de Clermont
ou compris dans les limites de la juridiction de Clermont, âgés de
quatorze ans au moins, viendront devant lui, le jour qu'il leur
aura fixé. Le seigneur jurera alors, en présence de tous, sur les
saints Évangiles, qu'il sera bon et loyal dans sa seigneurie, qu'il
gardera fidèlement les coutumes, les statuts, les franchises, les
droitures de Clermont et qu'il fera droit au grand et au petit.

III. — Tous les habitants jureront ensuite au seigneur sur les
saints Évangiles qu'ils seront bons, fidèles et loyaux pour sa part
de seigneurie, qu'ils le protègeront, lui, sa seigneurie et toutes ses
droitures, selon leur pouvoir et loyalement, tout en sauvegardant
leurs coutumes et leurs franchises.

IV. -- Sont soumis à la juridiction de Clermont tous les habi-

del fort e de las costumas de Clarmon, aissi cum si estavo a
Clarmon e li meis de son aquist, so es assaber del riu del
Braguel (10) en ius vas Clar (mon), ayssi cum sen dessen lo
meis riu de Santh-Perdo (11) e s'en dessen entro ius el riu
del Braguel.

V. — *Paroisses soumises aux coutumes de Clermont et limites de la juridiction.*

Apres aisso acostumero que com Clarmon aia aguda honor
e dreutz ansianamen en la terra dels senhors de Clarmon,
aia honor e drethz.

So es assaber tota la paroquia de la gleia de sancta Vic-
toria (12) e de Sant-Peire de Bel Puchg (13).

E de nostra dona sancta-Maria d'Aurehlac (14) e totas las
paroquias de las gleyas de Sancta-Crotz (15), e de Greyssas
(16), e de Pervila (17), e de Ferussac (18), e de Sant-Marti
d'Avelaneda (19), e de Gasques (20), e de Lalanda (21), e de
Sigohac (22) ; e de sant-Johan a Castel (23), e de Salas (24),
e de sant-Peire-laval (25) ; e de Tairac (26), et de Godorvila
(27), e de sant-Jolia (28), pres de Godorvila, e de Golfech (29),
et de Gresselh (30), e de sant Johan de Turach (31), e de
l'Espital de Valès (32), e de sant Cristofol (33), e del pont
Franses (34) entro a la yhla de Mausquer (35) que es a riba
de Garona. E aissi cuz s'enpoia la Seuna (36) entro a la ba-
riera de Livast (37) e delga Boarenc entro a la Gandalha (38)
e entro sul Cambol (39) e del Cambol aissi cuz clau la paro-

---

tants de Clermont. Sont également du for et des coutumes de Cler-
mont, comme s'ils étaient à Clermont, leurs biens situés dans les
limites du territoire de Clermont, à savoir du ruisseau le Braguel
au-dessous de Clermont jusqu'au ruisseau de Saint-Pierre.

V. — Clermont a les mêmes droits que par le passé sur les terres
des seigneurs de Clermont qui comprennent les paroisses de
Sainte-Victoire, de Saint-Pierre de Belpech, de Sainte-Marie d'Au-
rilhac, de Sainte-Croix, de Greyssas, de Pervile, de Ferrussac, de
Saint-Martin Davelanède, de Gasques, de Lalande, de Sigohnac,
de Saint-Jean de Castels, de Sales, de Coupet, de Tayrac, de Gou-
dourville, de Saint-Julien de Goudourville, de Golfech, de Gres-

quia de Ferrussac entro aqui essen clau en la Seuna, e aissi
cum s'en davala de la barera de Livast, entro a Gasques, e
aissi cum s'en devala la paroquia de Gasques, entro a la Bra-
galona e del Boarenc entro sul Cambol e tota la paroquia de
Godoryilla entro sus la hihla de Marquer que es a riba de
Garona.

E que totas las predichas gleias e paroquias e loctz, si
cum desus es asignat, sio per totz temps, de la honor e del
destrech de Clarmon, enpero gitada e exceptada la miega
lega de gran castel e gitat mai e exceptat e retegut que cadaus
dels predichtz senhors de Clarmont e lors successor aio per
totz temps, en cada una de las predichas paroquias e loctz,
totas las propriatatz, e las senhorias, els devers, e las dre-
churas que avio ni tenian ever a tener i devion per totz loctz
avant que aquesta carta fos facha.

VI. — *Election du baile*.

Apres aisso acostumero que per totz temps, cada an, len-
dema o lo ters dia de Panthacosta (40), s'ajusto en un loc li
senhors e que aqui enlegisco (41), I cavalher o donsel que
no sia senher de Clarmont, o autre prohomme ; e que aquel
sia cominals bailes de Clarmont per totz los senhors tot aquel
an, se n'es plus.

E que jure ades lo meis dia al meis senhors, en pre-
sencia de totz los cavahlers els prohomes, sobro sautz evan-

---

sehl, de Saint-Jean de Thurac, de l'Hôpital de Valès, de Saint-
Christophe, du Pont-Français.

Toutes ces paroisses sont soumises aux coutumes de Clermont.

Néanmoins chaque seigneur garde sur chaque paroisse les pro-
priétés, droits de seigneurie, devoirs et droitures qu'il avait avant
la rédaction de cette charte.

VI. — Chaque année, le lendemain de la Pentecôte ou le troi-
sième jour après, les seigneurs se réunissent pour élire un cheva-
lier, un damoiseau ou un prud'homme qui sera baile de Clermont
pour tous les seigneurs, pendant un an. L'élu jure aussitôt sur les
saints Évangiles, en présence des cavaliers et des prud'hommes
qu'il sera bon, loyal et fidèle pour les seigneurs et leurs droitures,

gelis, que sera bos e lials e fizel en lors senhorias e en lors
drechuras e gardara e mantenra lialmen lors senhorias e
lors drechuras dels cavalhers e dels prohomes de Clarmont
e las costumas els stablimens de Clarmont ses tot engan esses
tot mal engeh, e fara e donara drech al maior e al menor a
son poder segon las costumas e segon drech e segon razo e
segon lial poder, a bona fe; e que reda bon conte e lial, sens
barat ni tort, de la justicias e dels gages als senhors, en
redra a totz la sua part paziblamen ; que li senhors li dono
de lor tant per que el prenge la bailia.

VII. — Election des consuls.

E que ades lo meis dia lo cossels de Clarmon enlegisco (42)
noel cosselh, dos cavalhers o donselhs e IIII prohomes de
Clarmont, li quals VI (43) sion cosselh de Clarmont tot
aquel an entro a l'autra panthacosta. E qui sonara aquela
electio que sia de cosselh, quel coste LXV sols de justicia, la
meitat als senhors et l'autra meitat al cosselh.

E li VI meis prohomes del cosselh devo jurar ades aqui
meis als senhors e als cavalhers e als prohomes de Clarmont
que gardaran los senhors e mantenran las drechuras e gar-
daran e mantenran fizelmen las costumas de Clarmont e

---

qu'il gardera fidèlement leurs seigneuries et les droitures des che-
valiers et des prud'hommes de Clermont et les coutumes et les
statuts de Clermont, et qu'il fera rendre justice au grand et au
faible selon les coutumes, le droit et la raison. Il doit jurer égale-
ment de rendre ses comptes loyalement, et de donner fidèlement
à chaque seigneur sa part des revenus de justice et des gages.
Les seigneurs doivent lui donner un traitement suffisant pour
qu'il puisse exercer ses fonctions.

VII. — Le même jour, les consuls nomment de nouveaux consuls,
deux chevaliers ou damoiseaux et quatre prud'hommes qui sont
pour un an les six consuls de Clermont, jusqu'à l'autre Pentecôte.
Quiconque contestera cette élection paiera soixante-cinq sous d'a-
mende, la moitié pour les seigneurs et l'autre moitié pour les
consuls.

Les consuls élus jurent aussitôt aux seigneurs, chevaliers et prud'-
hommes de Clermont de garder leurs seigneuries et leurs droi-

donaran drech al maior e al menor a bona fe, e que tendran
lialmen a lor lial poder a bona fe lor ufici del cossolat (44).

VIII. — *Rééligibilité du baile ou des consuls.*

E qui sera stat bailes e de cosselh que no o posco estre a
l'autre an apres, entro aia j an passat en mech.

IX. — *Reddition des comptes des consuls.*

E al cap de l'an que los cossols d'aquel an reddo conte de
tot cant auran pres e despendut per razo e per causa del
cosolat als autres del cosselh quel ligiran fidelament li meis
cossols que auran stat, dins viij dias que lor o mandaran,
après que seran enligit de cosselh.

X. — *Assistance des jurisconsultes obligatoire dans les causes*
difficiles.

E se lo baile ni lo cosselh no sabian juga alcu jugamen
que aguesso a jugar an los cavalhes e an los prohomes de
Clarmont, que aquel que auzira aquel plactz, demande
cosselh as savis homes e aquelas partz que auran aquels
platz lo pago tant quant aura mes per aquel cossehl.

---

tures, d'observer fidèlement les coutumes de Clermont, de faire
droit à tous et d'exercer leurs fonctions avec loyauté.

VIII. — Quiconque aura exercé les fonctions de baile ou de con-
sul ne pourra être réélu si ce n'est après un an d'intervalle.

IX. — A la fin de l'année, les consuls doivent rendre les comptes
des recettes et des dépenses aux nouveaux consuls qu'ils auront
élus, dans les huit jours qui suivront la demande faite par ceux-ci
de les vérifier.

X. — Le baile ou les consuls se trouvant arrêtés, même avec les
chevaliers et les prud'hommes, en présence d'une affaire difficile
à juger, doivent recourir à l'assistance de jurisconsultes qui seront
payés aux frais des parties.

XI. — *De l'appel au seigneur de Clermont.*

E qui s'tendra per mal jugat del jugamen del baile e del cosselh o de senhortz de feus, que posco apelar, si vol, al senhor de Clarmont. Enpero que apele lo meis dia o dins V. dias (45) que aquela interlocutoria (46) o aquela sentencia sera dona.

E no pusca apelar d'aquels V dias en la ; a li meis Senhor o a la maior partida determeno lo platz d'aquel apel ; e si be fo jugat, que torno lo platz davan aquel que donet aquela interlocutoria, e cofermo aquela sentencia ; e si mal fo juggat, que elh o lor mandamens auio e determeno lo plach sobrel principal.

E qui sera vencut del apel done V sols de justicia a aquel que fetz lo jucgamen don fo apelat e reda las mesios a l'autra partida si cum drech o vol.

XII. — *Détermination de la juridiction du baile.*

E tot senhor et tot cavahers de Clarmont, e tot hom, e tota femna habitans de dins los predichs dretz, ques clame al baile de Clarmont, e no autre senhor, 'en neguna manieira, si non no fasia pel culpa, o per so dels senhors (47), o del bayle de Clarmont ; e si o fasia, quel gites d'aquel clam, el vendes das mesios qu'en faria, quel costes LXV sols de justicia.

XI. — On peut en appeler au seigneur de Clermont du jugement du baile, des consuls ou du seigneur foncier. Le délai de cet appel est de cinq jours. L'affaire est jugée à nouveau et renvoyée devant le premier juge en cas d'interlocutoire confirmé. Dans le cas contraire, le seigneur juge sur le fonds.

L'appelant débouté de son appel doit cinq sous d'amende pour le premier juge et rembourse les frais à la partie adverse.

XII. — Toutes les contestations survenues entre les habitants, quelle que soit leur qualité, doivent être portées devant le baile et non devant une autre juridiction, sous peine pour le plaignant de voir sa demande déclarée non-recevable, de payer les frais et soixante-cinq sous d'amende.

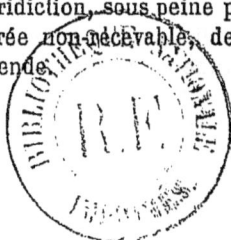

2

Enpero salvat et retegut qui dels platz del matremoniis, e d'aquels que so dels fort de sancta gleiza sia fach aquo qu'en deu estre fach per drech escrieut.

Mas totas autras clamors sios fachas al baile de Clarmont.

Enpero dels platz dels fieus, si clamor hi a, sia facha al senhor del feus si la accieus es rials.

XIII. — *Protection accordée aux débiteurs.*

Enpero avant que hom se clame per deude de divens deude enquere lo deude, e si vol pagar o fermar, que l'in fassa drech davant lo cosselh, co prenga, e quel no s'en clame e si s'clama del deude del jurat de Clarmont, senes enquesta, quel gites d'aquel clam, o n'es quiti de la ma del senhor.

XIV. — *De la caution judiciaire.*

E d'aquels de cui se clamara hom a qui que sia fach aquels clamans ferme aquel senhor si dar pot fermensa, e si dar nont pot, jure sobre sans Evanglis si es jurat de Clarmont qui sigina aquel platz, e qu'en fassa drech tant quant deura davant lui, e que sas causas ni so cors non gauzira ; e qui no pot dona fermansas pel aquel plactz e qu'en donara quant poira ; e pois aia sos dias acostumatz cuz si avia format. E aquel de cui sera hom clamatz o rancuratz de laironia e de fur metre, o d'autre crim, sals omicida deu ferma, si pot dar

---

Les questions matrimoniales et les cas de compétence ecclésiastique sont exempts de la juridiction du baile et soumis au droit écrit.

Les actions réelles des fiefs roturiers sont également réservées au seigneur foncier.

XIII. — Nécessité de sommer le débiteur, en présence des consuls, de payer sa dette ou de fournir caution avant de le poursuivre ; s'il la fournit, la demande du créancier serait déclarée non recevable par le juré de Clermont, sans enquête.

XIV. — Celui qui réclame doit fournir caution. Il en est de même de l'adversaire. Cas où l'on en est dispensé ; serment qui le supplée. La caution judiciaire doit être fournie en matière de vol, d'incendie et de crime autre que l'homicide. Elle peut être sup-

fermansas, e si que no, jure que no pot fermar e que non
s'en gaudira e fara drech e deu mostrar (48) totas sas causas
al baile e al cosselh e ilh devo las gardar e badir. E devo
gardar son cors seu destreissa entro jutgamen sia fach.
E si a fach omicida deu lom fermansas prendar se las pot
dar; e si que no, lo baile deu gardar lo cors de lui e totas
sas causas entro que sia jugat.

XV. — *De l'homicide.*

E si es probat omicida, sia sebelit (49) totz vius deios lo
mort, deios terra e los cors d'aquel ; e totas sas causas moblas
e non moblas d'aquel que aura fach l'omicidii sio entursis
als senhors de Clarmont. E que li senho vendo dins I an los
feus que tenia d'autras personas e els li redo feuzater ; e de
I an enla, que nols posco retener, sens la voluntat del senhors
dels feus. An fosso d'aqui en la del senhor d'aquel e per
meissa maneira que fos fach del moble e del non moble
d'aquela persona que fos juggada a pendeso o à mort.

XVI. — *Meurtre excusable.*

Enpero que hom auzices autre en alcu cas d'aquels cas
que li drech scriut (50) defendo home de pena, que aquestas
costumas nol posco dapner per aquela mort si per drech
escriut s'en podia deffendre.

---

pléée par le serment qui est accompagné de la représentation et du
séquestre des biens et de la surveillance de la personne.

La caution judiciaire doit être imposée s'il y a eu homicide. A
défaut de caution, arrestation préventive.

XV. — L'homicide sera enseveli vivant sous le cadavre de sa
victime. Tous ses biens meubles et immeubles seront confisqués
au profit des seigneurs de Clermont. Ils devront seulement vendre
dans le délai d'un an les terres qui relevaient d'autres seigneurs
et ils ne pourront les garder plus longtemps sans la permission de
ces derniers.

XVI. — Le meurtre peut être excusé dans les cas prévus par le
droit écrit qui l'emporte alors sur les coutumes.

E avant que li senhors aio los predichs encorremens que
del aver d'aquels justiciatz, moble e no moble comumalment,
sion pagadas lors molhers de lors dotz e de lors avers per
que lor ero obligadas (51) las lor cauzas e lor autre deute
qu'en sio pagat per meissa maneira.

XVII. — *De la liberté individuelle.*

E per autra occasio ni en neguna autra maneira negus
senhors ni bailes ni cavalhers ni autre hom no posca pren-
dre ni restar home ni femna de Clarmont ni de dins lors
dretz, si non o fazia que s'en fugis quant auria ferit de cotel
o facha gran mala facha.

XVIII. — *Droit du père de famille de se porter caution pour les siens.*

E quis volra posca amparar (52) o desenparar sa molher o
sa mainada quant sera acuzada de crim o d'autra cauza.
Enpero avant que aia format per lor; e que pueis l'on recepia
en son poder.

XIX. — *Des délais de conseil et de réponse.*

En tot plech que sia à Clarmont, aia dia per VIII dias de
coselh (53) aquel de cui serhom clamatz quant aura fermant,

Avant la confiscation des biens par les seigneurs, le montant de
la dot de la femme et le payement des dettes doivent être prélevés.

XVII. — En aucun cas, nul habitant de Clermont ou du terri-
toire qui en dépend ne peut être arrêté par ordre des seigneurs,
du baile, des chevaliers ou d'une autre personne, à moins qu'il ne
prenne la fuite au moment où il vient de commettre un délit.

XVIII. — Le père de famille peut prendre sous sa protection ou
abandonner sa femme ou sa fille poursuivies pour un crime ou un
délit, sans être tenu de faire droit pour elles, à la condition de faire
cet abandon avant d'avoir fourni caution en leur faveur, et à la
charge de ne plus les recevoir sous sa puissance. Dans le premier
cas, il est responsable.

XIX. — Tout défenseur doit avoir un jour de conseil dans un délai
de huit jours à partir de la prestation de la caution.

e si ditz, quant fermara, que fara drech al clamant, ab drech
qu'el clamant le fassa, posca far son deman sens autra
clamor ; pero lo plath d'aquel que sera clamatz ane primiers
e l'autra ades aqui meis en maneira de reconventio (54.)

E après aquel dia de cosselh aia, ses vol, autre dia de
resposta per VIII dias al cal dia responda tant quant
deura.

XX. — *De la terre-garde et de la reire-garde.*

E apres, si lo plach es de heretatz, aia dia, sis vol, de
terragarda e de reire-garda tot en una vetz per VIII dias.

E lendema de la terra-garda que sion las partz davant lo
senhor per far drech.

XXI. *Des demandes en garantie.*

E puis aqui meis pot aver dia per guirent (55) per VIII
dias. E aquel guirens primiers quant aura formada la ga-
rentia pot aver sis vol autre dia per VIII per son guirent.

E quant aquel segon guirens aura formada la guirentia
posca aver autres VIII dias per aver son guirent e quant
aquel ters guirent aura fermada la guirentia posca aver
dia, ses vol, per VIII dias per son guirent.

On peut, par une demande reconventionnelle, éviter d'engager
un nouveau procès, à la condition de réserves faites expressément
en fournissant caution.

Après le jour de conseil, le défendeur a le jour de réponse dans
un délai de huit jours.

XX. — S'il s'agit d'une succession, le défendeur peut obte-
nir un délai de huit jours pour la terre-garde et la reire-garde.
Le lendemain de la terre-garde, les parties doivent comparaître
devant le seigneur.

XXI. — Le défendeur peut avoir un délai de huit jours afin
d'appeler garant en cause.

Le premier garant, quand il aura donné caution, peut appeler
lui-même son garant dans le délai de huit jours ; et celui-ci peut
en appeler un troisième et ce dernier un quatrième.

E plus garens, mas entro en tres o entro a quatre garens no posca aver en 1 plach.

Enpero cadaus guirens, salp lo primier, jure sobres los santz Evangelis, quant volra dia per aver son guirent, qui non o fassa per mala fe, ni per gandir al plach, mas quar cre que aquel que menara lo plach deu estre guirens.

E si aquel que sera nomnat per garent es fora de Clarmont, deu lom donar tant lonc dia que el ossos messages posca estre avat e tornat entro a Clarmont d'aqui on sera dich que esta.

E en autra maneire, ni per autra razo, ni autra occasio, no pesca esca alongamens per guirent, ni per razo de guirent; si no o fazia, que la cortz de Clarmont conogues que fos fazedor per causa manifestament necessaria.

Enpero no deu aver guirent nulh hom en causa que l'autre lo diga tu tos cors mas aital causa couta, o m'en as dessazit, o mo as panat, o m'as fach aital crim; mas qu'il dizia tu as aitals cauzas fachas qui foro mias, hom foro toltas o panadas que adonc hi agues loc guirent o en autras causas ou hom ne deu aver per drech. E guirens sia trach e mentagutz avant resposta e contestacio de plach.

Chaque garant, sauf le premier, doit jurer sur les saints Évangiles, quand il opposera l'exception de garantie, qu'il n'est pas de mauvaise foi mais qu'il agit sérieusement.

Et si le garant est domicilié hors de Clermont, on doit lui accorder un délai suffisant pour le faire venir.

En dehors de ce cas, ni pour aucun autre motif, l'exception de garantie ne doit apporter de retard qui ne serait pas jugé manifestement nécessaire par la cour de Clermont.

Cas où la garantie est inadmissible : Il n'y a pas lieu à une action en garantie, si le demandeur se plaint d'une dessaisine, ou d'un vol ou d'un crime ; mais elle est admissible s'il ne fait que réclamer une chose, sans se plaindre du vol.

Le garant prend la cause dans l'état où elle était avant la réponse.

XXII. — *Des délais en matière de dessaisine et d'actions diverses.*

Et en tot plach de dessazimen fac dins miech an e de batement e de maldich et de plaga e de cauza criminal ano tuch li dia, quan seran donatz, de III en III dias; enpero ques poguessso plus alonguar per la voluntat de la cort, si la cort conoissia que fos fazedor.

XXIII. — *Des avocats.*

E qui no poira aver razonador, que la cort l'en done à sos diners si n'a en la vila que sia bos; e si non i a, que aia dia per razonador per VIII dias.

XXIV. — *De la procédure écrite.*

En tot plach que sia en Clarmont de la valensa de XX sols (56), o d'aqui en sus, done lo demandaire a la cort la demanda escriuta (57) e la cort que l'an reda a l'autra partida, e no de XX sols en ios.

XXV. — *Du serment litigieux que doivent prêter le demandeur et le défendeur.*

E quan sera resposta e contestacios sobrel principal, lo demandaire el defendeire juro de calumpnia (58) en aquesta

---

XXII. — En matière de dessaisine, d'actions pour coups, injures, blessures, crimes, la durée des délais pour le jour d'audience est de trois en trois jours. — Ils peuvent être prorogés par la cour.

XXIII. — La partie qui ne peut avoir d'avocat, peut en obtenir un d'office de la cour, à ses frais, s'il y a des avocats en ville ; sinon, la partie a huit jours pour s'en procurer ailleurs.

XXIV. — Toute demande de la valeur de 20 sous et au-dessus doit être remise par écrit à la cour de Clermont aux frais du demandeur et communiquée par elle au défendeur. La remise n'est pas exigée dans une demande au-dessous de 20 sous.

XXV. — Après la demande et la réponse sur le fonds, le demandeur et le défendeur doivent jurer à leur tour qu'ils croient avoir bon

maneira. Quel demandaire jure sobre sans Evangelis que el
cre aver lial demanda en aquel plach e vertat i dissera e i
fara dizer e messonga no i metra ni fals testimonii no i
traira, ni falsa carta, ni falsa proe, qui re no a donat ni o
fara a la cort per que leal juggament no fassa.

El deffendeire jurara quel cre aver leial defentio en aquel
plach, e vertat hi respondra, effals testimonii, ni falsa carta
ni falsa pro no i traira e qui re non a promes ni donat ni o
fera re a la cort per que lial juggament no fassa.

XXVI. — *Des témoins.*

E qui traira testimonis aia in dias cadau de VIII dias en
aquel plach sobrel principal, si tans ne vol, e li testimoni
juro en presencia de las pars que, en aquesta causa don
stratz testimonis, dissera vertat a bona fe, e messonga no i
metra son grat, e nos es logat ni o sera per portar aquel tes-
timoni, e per amor que porte a la una part ni per dezamor
qui porte a l'autra no dizem mas la pura vertat lialment.

E apres la cort los deu auzir cadau en secret e far scriure
los dictz de lor. Enpero si li testimoni ero lonch, que la cort
o poges alongar aissi cuz seria fazedor.

E si hom del poder dels senhors de Clarmont no volia
portar testimoni, que so laisses per paor, o per amor, o per
als, devant cui qui fos aquel plach, sel vencutz en tot plach,
pague las messious à l'autra partida, juradas e taxadas segon
drech.

---

droit, qu'ils n'emploieront que des preuves loyales, qu'ils n'ont
rien donné et ne feront rien donner à la cour pour la cor-
rompre.

XXVI. — Des délais, chacun de huit jours, sont accordés pour
produire les témoins. — Ils doivent jurer en présence des parties
de dire la vérité et attester qu'ils n'ont rien reçu d'elles. — La
cour doit entendre les témoins séparément, en secret et recueillir
par écrit leurs dépositions. — Si les témoins sont éloignés, la
cour peut accorder de nouveaux délais. Ceux qui refusent leur
témoignage, si la partie succombe, paieront les frais du procès à
l'autre partie.

XXVII, — *Amende du plaideur débouté.*

E totz senher cui qui sia fach lo clams aia V sols de justi-
cia per aquel claz del vencut.

E si est vencut d'apel que fassa, lo senher que fe lo jugga-
ment n'aia V sols (59) e V sols per cada dia que defalhira si
dezencuzar no s'en podia ; e procuraire (60) sia resaubut en
plach mas no defendeire.

XXVIII. — *Faux témoignagne.*

E qui porta fals testimoni corra la vila ab una broca def-
fer en la lenga (61) e quel coste V sols (62) de justicia que sia
als senhors de Clarmont e qui jamai no sia resaubut (63) per
testimoni e sia infamis per totz temps quant sera proat que
aia portat fals testimoni.

XXIX. — *De la preuve judiciaire.*

E negus senher de Clarmont no pusca re proba (64) con-
tra home de Clarmont, si no o fazia de negament o amer-
mament (5) de so feus. E ambaquels dessa cort vestida posca
probar causa que fos stada facha o dicha en sa cort e ab
cartas comunals de sa cort e ab cartas de notari e ab letras
sageladas ab sagel autantic.

XXVII. — Le plaideur débouté doit payer 5 sous d'amende pour le
seigneur. L'appelant débouté de son appel doit payer 5 sous au
seigneur et 5 sous pour chaque défaut non justifié.

Admission de procureurs dans le procès mais non des défendeurs

XXVIII. — Le faux témoin doit avoir la langue percée et courir
la ville dans cet état. — Amende de 5 sous contre le faux témoin
au profit du seigneur. — Incapacité d'être témoin et infamie
résultant de la condamnation de faux témoignage.

XXIX. — Le témoignage du seigneur de Clermont ne peut
servir contre un habitant, excepté le cas où le débat porte sur
l'existence ou l'étendue du fief. — La preuve peut être faite par
les actes du procès, les chartes communales ou de notaire, et les
lettres revêtues du sceau authentique.

XXX. — *De la garantie.*

E tota persona que venda terras o heretatz, o las camge,
o las feuze, quin porte en fassa, el essos heretatz (66) bona
e ferma garencia a aquela persona o asson ordehl que de lui
o recebar, de totz homes e de totas femnas que re li deman-
desso en alcu temps ; et que tuth sei be per totz loctz len cion-
obligatz per far o portar aquela garencia.

E que li senhor el cosselhs l'en destreisesso aitant fort o
mehls que cum per deute o per covent, o per als (67).

XXXI. — *Règles sur la vente, l'échange d'un fief roturier par le*
tenancier

E qui tendra feus segont las costumas de Clarmont, quel
posca vendre o donar, o laisar, o cambiar a cui que s'volha,
salp senhor o dona de Clarmont, e gleia o maio d'ordre.

XXXII. — *Du retrait.*

E en venda pura de feus an torn (56) li parent e li senhors
dels feus en aquesta maneira, quel parens d'aquel que aquela
venda fara, si la tanch en lo quart gras de parentat (69) o
d'aqui en jus, la posca compra e retener davant autui, sis
vol, et que n'aia dia del cosselh per VIII dias. Enpero, si
aisi cum dessus es, per aitant cum autre i donara, per o que
o ago demandat dins VIII dias (70) que sera vendut, si es

XXX. — Le vendeur, l'échangiste et le bailleur à rente féodale
sont tenus à la garantie envers l'acquéreur. Tous leurs biens y
sont obligés de droit.

XXXI. — Le tenancier selon les coutumes de Clermont peut libre-
ment vendre, donner, abandonner, échanger son fief roturier ou
terre donnée à rente féodale. — Défense de l'aliéner au profit du
seigneur de Clermont, d'une église ou d'une maison religieuse.

XXXII. — En cas de vente du bien inféodé, les parents et le sei-
gneur peuvent exercer le retrait. Le retrait lignager appartient
aux parents jusques au quatrième degré. — Délai de huit jours
pour le parent présent dans l'Agenais et d'un an s'il est hors de

en Aganes quant sera facha la venda ; e si es fora d'Aganes
que o posca retene dins 1 an après sa venda.

E qu'en fassa aitan bonas pagas e fermetatz cum l'autre
que o volia comprar. E si aquel parens retener no vol, quel
senher del fieus o posca retener davant autui, sis vol, e que
n'aia dia de cosselh per VIII dias.

Enpero, si aissi cum desus es dich, lo parens ol senher del
feus o vol retener, jure sobres sans Evangelis, si o vol aquel
que o avia comprat (71), que aquela causa vol assos obs e que
per I an o tendra ; e si aissi no o auzava jurar, que no o
poguesso retener devant autrui, mas quel senhor del feus
l'autregues al comprador francament, per las costumas de
Clarmont, ses tot plach, e senes tota fucha, sa senhoria salva.

E que n'aia d'aquel que o comprara los capsoutz (72) d'ai-
tant cuz sera lo prestz de la venda essos acaptes e sas oblias
aitals cum ne solia en devia aver d'aquel que o aura vendut;
e que no i fassa tort ni forsa, an l'en porte bona guerencia
de part senhoria.

E si hom cambia I fieus ab autre feus, que li senhor
d'aquel feus n'aio capsoutz segon la valor que valria, segon
l'astimacio de cossehl. E que li cavalher de Clarmont ni li
donsel no posco comprar los feus que hom tedra dels senhors
de Clarmont, se n'es la volontat del meis senhor de Clar-
mont de cui mou.

---

l'Agenais. Le retrayant doit remplir toutes les obligations de l'a-
cheteur et payer tous les frais.

Le retrait seigneurial s'exerce à défaut du lignager. — Le sei
gneur a comme le parent un délai de huit jours.

Le parent ou le seigneur qui exerce son retrait doit affirmer par
serment sur les saints Évangiles que c'est pour ses besoins per-
sonnels et qu'il gardera l'immeuble au moins un an.

A défaut de serment, le seigneur doit regarder le retrait comme
nul et octroyer l'immeuble vendu à l'acquéreur primitif. — Droits
de capsol, d'acapte et d'oublies à percevoir sur le montant du prix,
pour le seigneur qui doit garantir la tranquille possession.

Les droits de capsol sont également perçus pour un échange de
terres inféodées. Ni les chevaliers ni les damoiseaux de Clermont
ne peuvent acheter les terres inféodées par les seigneurs de Cler-
mont sans leur autorisation.

XXXIII. — *Des surcens.*

E que tuctz li feus que ero sobre afeuzat al dia que aquesta
carta·fo facha, aio valor li sobre afeusamens qui fach hi son;
e d'aisi avant que hom no posca sobre-afeusar, los feus que
seran donat al for e a la costuma de Clarmont se n es la vo-
luntat d'aquel de cui movo.

XXXlV. — *Des redevances dues pour les fiefs.*

E totas las oblias que hom dega per los feus, que seran
tegut a las costumas de Clarmont, sio pagadas al dia stablit.
E qui adonc no las pagara quel coste V sols de justicia que
sia al senhor del feus.

XXXV. — *Des droits d'acapte.*

E qui no pagara l'acapte de dins XIIII dias quel sera
mandat, quel cole V sols e que reda l'acapte.

XXXVI. — *De la caution judiciaire.*

Quant lo senhor del feus demanda fiensa asson fleusater,
per feus (73) que te de lui, per la sua rancura, o per clamor
d'autrui, deu l'in donar; e si no las hi dona en aquel dia

XXXIII. — Tous les surcens établis avant la charte sont main-
tenus; il sont prohibés pour l'avenir, à moins d'une autorisation
du seigneur de qui relève la terre inféodée.

XXXIV. — Toutes les redevances dues pour les fiefs dépen-
dants des coutumes de Clermont doivent être payées au jour
fixé, sous peine de 5 sous d'amende au profit du seigneur.

XXXV. — Les droits d'acapte doivent être payés dans les qua-
torze jours qui suivent la réquisition, sous peine d'une amende
de 5 sous.

XXXVI. — Quand le seigneur censier demande caution à son
tenancier, en vertu du fief que celui-ci tient de lui, soit pour une
plainte qu'il porte lui-même ou pour celle portée contre lui, le
tenancier doit la lui fournir; et s'il ne la fournit pas sur-le-champ,

quel done V sols de justicia per aquel dia que li laissara
pecar; enpero si no pot fermar, jure que no pot e que fara
drech, sobre si meis essobre sos feus. E la meissa causa sia
quant lo bailes demandara fiensas a alcu home o alcuna
femna don lo baile aia aguda clamor.

XXXVII. — *Du combat judiciaire.*

E en quel que ni a bathalha sia arennda a Clarmont o
dins los dexs, per terras o per als, que la batalha sia en la
cort dels senhors de Clarmont e ilh que o jutgo e o fasso
complir segon los fors e costumas d'Aganes (74).

Enpero negus nos combata, si nos vol, si enpero no avia
dementit ades senes meicha aquel que l'apelet o si nos volia
combatre.

XXXVIII. — *De la dot.*

Dels dotz e dels espozalicis que hom aura per sa mohler
pieuzela o no pieuzela, qu'en sia fach a Clarmon aquo que
nes en deu estre fach Agen segon los fors e las costumas
d'Agen (75) d'aques espozalicis e dotz.

---

il doit 5 sous d'amende pour chaque jour de retard. S'il ne peut
donner caution, il doit le jurer et donner caution par la main et
sur le fief.

Il en sera de même quand le baile demandera caution à un
homme ou à une femme dont on aura porté plainte.

XXXVII. — Le combat judiciaire doit avoir lieu devant la cour
des seigneurs de Clermont.

Ils jugent de la lutte et la dirigent selon les règles et les cou-
tumes de l'Agenais.

Nul n'est tenu au combat, à moins qu'il n'ait opposé qu'un
simple démenti à celui qui le cite en justice, ou qu'il ne veuille
se battre.

XXXVIII. — Pour les dots et les donations à cause de mariage, on
suivra à Clermont les usages et les coutumes d'Agen.

XXXIX. — *Droits d'usage dans les bois des seigneurs.*

E tuh li home e las femnas statuitz a Clarmont e dins los
dexs, pringo lenha e fusca dels bosses dels senhors e dels
cavalhers de Clarmont a lors maios fazen e a lors vaissels
e a lor calfar.

Enpero que no vendo a home stranh sens la voluntat del
senhor del bostz, mas aquels de dins los dexs ne posco
vendre a lors obs.

XL. — *Des saisies.*

E negus senher ni autra persona no penhore per sa auc-
toritat home ni femna de Clarmont, si no o fazia ab lo
baile per cauza razonabla.

El baile posco penhorar per sos gatges, juggatz, et per
far complir cauza juggada. E senhers de feus posca pen-
horar, en son feus, si lo feuzatie no l'en vol far drech a la
sua cocha o a la clamor d'autrui o per sas oblias o per sos
acaptes o per sos devers. E qui tolra la penhora al baile o
qui la tornaria aqui don l'auria levada, qu'el coste V sols

XXXIX. — Tous les habitants de Clermont ont le droit de prendre
dans les bois des seigneurs et des chevaliers de Clermont le bois
pour construire leurs maisons, faire leurs tonneaux et le bois de
chauffage. Il est défendu de vendre ce bois à un étranger sans la
volonté du seigneur, mais on peut le vendre librement à un habi-
tant de Clermont.

XL. — Personne, pas même un seigneur, ne peut faire opérer
une saisie de son autorité contre un habitant de Clermont, sans
la permission du baile et pour un motif raisonnable.

Le baile peut ordonner une saisie pour le payement de ses ga-
ges et pour faire exécuter un jugement.

Le seigneur censier peut faire une saisie sur son fief, si le
tenancier ne veut pas lui fournir caution dans le procès qu'il in-
tente ou dans celui qui lui est intenté, ou pour ses droits d'oublie,
d'acapte et de devoir.

Quiconque détournera les objets saisis par le baile ou les re-
mettra à celui à qui ils ont été pris, payera 5 sous d'amende au
seigneur.

de justicia al senhors ; e qui enfrangera bau de senhors quel coste LXV sols de justicia.

XLI. — *Des testaments.*

Item tot home e tota femna de XIIII ans (76), o d'aqui ensus, que estia a Clarmont, o dedins los dexs, posca far ordens o testament, en prezencia de prohoshomes e del capela, si estre i pot, a bona fe ; e aquel ordelh et testamens sia fermament tengutz aissi cum lo fara.

Enpero que dels feus que aura no laissi a senhor, ni a dona de Clarmont, ni a gleia, ni a maio d'orde, se n'es la voluntat dels senhors de cui las tenia.

XLII. — *Des successions ab intestat.*

E si mor ades cofes (77) o senes orde qui no fassa, que totas las suas cauzas sio soutament e quitiament a sos efans, si n'a de son lial matremoni, sens tot contrast que no i fasso li senhor ni li cavalher ni autras personas ; essi no a effans, ni no fa orde ni testamens (78), que totas sas causas sio de sos plus propdas parens ; essi es que parens no ia, que lo cosselh prenga totas sas causas moblas e no moblas (79), e que las tenga 1 an e 1 mes ; et si dins aquel terme es vengut parens que posca proar aquel parentage, quel redo totas las predichas cauzas quitiamen.

Quiconque enfreindra le ban du seigneur payera 65 sous d'amende.

XLI. — La faculté de tester est fixée à 14 ans. Incapacité de léguer les immeubles tenus à rente féodale au seigneur de Clermont, à une église, à un couvent, sans la volonté du seigneur dominant.

XLII. — Tous les biens du défunt ab intestat passent d'abord à ses enfants légitimes ; à défaut d'enfants, aux plus proches parents. En cas de déshérence, les consuls administrent un an et un mois les biens du défunt. Si un parent se présente pendant ce temps, il est mis en possession. La dot de la femme et les dettes doivent toujours être prélevées sur le montant de la succession.

Per totas horas deu estre pagada sa mohler de son dot, si
n'a, e totz sos deude (80). E si dins aquel terme, no es ven-
gutz parens, si cum dich es, tot lo moble sia al senhors de
Clarmont, e los heretatz sia a anaquel de cui las tenia, ses
deutes pagatz, del moble e del no moble, lieura per lieura.

XLIII. — *Des enfants naturels.*

Enpero li filh bort e las bordas que no fosso campih n'a-
guesso la X part del tot si volia star à Clarmont, et si star
no i volia, que re non aguesso.

XLIV. — *Des étrangers.*

Tot hom stranh que venga star a Clarmont sia franxs per
tostz temps de tot homenage (81), si no a fach senhor espres-
sament dins III dias que hi sera vengut ; e als primiers II
ans, sia franxs de totas las costumas ses gatge.

XLV. — *Droit de préémption pour les seigneurs et les cheva-*
liers de Clermont.

E tuch li senhor e li cavalher de Clarmont aio man leu a
tota cauza que sia a vendre, so es assaber, li senhor per
I mes e li cavahler per XV dias ab qu'en meto bo penhs

Si aucun parent ne s'est présenté dans le délai d'un an et un
mois, la succession échoit au seigneur, à l'exception des biens
acquis héréditairement qui retournent aux familles des anciens
propriétaires.

XLIII. — Les fils et filles illégitimes ont, s'ils veulent s'éta-
blir à Clermont, le dixième de la part qu'ils auraient eue s'ils
avaient été légitimes, et rien, dans le cas contraire.

XLIV. — L'étranger venu à Clermont est pour toujours franc de
tout hommage, s'il n'a pas fait dans les trois jours de son arrivée
choix d'un seigneur. Il est exempt pendant deux ans de toutes les
coutumes sans aucun gage à fournir.

XLV. — Les seigneurs et chevaliers de Clermont ont le droit de
surenchérir dans toute vente, les seigneurs pendant un mois et

que vahla mais lo tertz e a donc quel solvo ; essi no ho fazia,
aquel que l'aura pres, lo posca vendre asso que mai n'aura
quel reda e si estava dels preditz termes en la, estes a tota
la venta d'aquel que mes lo penths.

XLVI. — *De l'homicide.*

Nulhs hom que del dia que aquesta carta fo facha avant
auciga home a Clarmont no intre mai a Clarmont si l'au-
cira contra forma de drech, si no offazia que i tornes per
voluntat dels senhors e dels cavalhers e dels prohomes de
Clarmont e dels parens del mort.

XLVII. — *Du droit d'asile.*

Tot senher e cavalers e totz hom de Clarmont pusca gui-
dar 1 dia o dos tot home a Clarmont, si home mort no i a, o
si gitat non era per jugament, o si no ho avia defendut
aquel acui faria lo tort de deute, o si no guerre i ava ab
senhor o ab cavalhers de Clarmont.

XLVIII. — *Liberté de domicile.*

E quis volra partir de Clarmont per star en autre loc, que
eo pusca far sals essegurs, francamens ab totas sas causas

---

les chevaliers pendant quinze jours, à condition de payer un tiers
du prix en plus.

XLVI. — Tout homme qui depuis la rédaction de cette charte
aura commis un homicide à Clermont ne pourra y rentrer sans
le consentement des seigneurs et des chevaliers et des prudhom-
mes de Clermont et des parents du mort.

XLVII. — Tout seigneur, chevalier ou prud'homme de Clermont
peut accorder asile, un jour ou deux, à tout homme, mais hors les
cas de meurtre, ou de bannissement après jugement rendu, ou
d'opposition de la part du créancier lésé ou de guerre contre un
des seigneurs ou un des chevaliers du château.

XLVIII. — Chacun est libre de quitter Clermont pour s'établir
ailleurs. Le seigneur ne peut s'y opposer, mais doit au contraire

senes tot contrast que li senhor ni autras personas no li
fasso, sos deutes pagatz (82); e que li senhor lo gardo el guido
per tot lor poder ; e pusco vendre tot los feus que tendran
segon las costumas de Clarmont ; e si vendre no los volo, o
no podo, que los tenguo on qu'estion e qu'ent pago los sen-
hors de cui los teno lors devers e als senhors e a la vila lors
devers, segon la valensa d'aquel feus ; e si tenia feus d'ome-
nage quel laisse al senhor de cui lo tendra ; enpero, si aquel
senher o volia, quel pusca vendre.

XLIX. — De la compétence du baile.

E que totz senhers e cavalers de Clarmont e donzels e to-
tas lors mandas fasso dretz e prengo dreth davant lo baile o
davant lo cossehl de Clarmont de tota cauza que demando
alcuna persona de Clarmont e de tota cauza que hom de-
mande a lor en alcuna maneira, e que s'en clamo al baile ;
e o fermo e hom ques clame de lor cum d'autra persona al
meis Baile e que n'aio en prengo aital drech cuz us autre de
totas accieus e deutes e de totas causas, salp que li senhors
no posco re probar contratz homes de Clarmont ni senher de
feus contra so fizanter, mais aissi cum desus es dich aqui on
parla que senher pot proar.

L. — Du payement des oublies.

E si senher de feus demanda asso feuzater oblias quel dega

---

proléger l'émigrant. L'émigrant peut vendre tous les biens qu'il
tient selon les coutumes et s'il ne veut pas ou ne trouve pas à les
vendre, il peut les tenir à distance, en payant les redevances
comme auparavant.

Pour les fiefs d'hommage, il doit les laisser au seigneur dont il
les tient, à moins que celui-ci ne lui permette de les vendre.

XLIX. — Toute action concernant les seigneurs et chevaliers
et damoiseaux de Clermont et les gens de leur maison est de la
compétence du baile et des consuls de Clermont. — La procédure
est la même que pour les autres habitants.

L. — Si le seigneur censier demande à son tenancier les oude 1 terme o de mai, el feuzaters ditz que pagadas las ia, quel feuzaters ne sia creut ab sagrament qu'en fassa.

LI. — *Tailles municipales.*

Tuth li home de Clarmont e de dins los dexs done cominalment, exceptatz los cavalers, a totas las prestas cominals que seran a Clarmont per ost, o per als, segon que cadaus issera tahlatz ; e que nulhs hom no sia escalhtz, ab cui ques estia, si a moble o heretatz à Clarmont o en l'apartenement ; e totas questas e tahladas cominals que tahlo lo cossehl el baile lialament a bona fe, no gardat amic ni enimic e que las levo.

LII. — *De l'adultère.*

E cui sera pres a femna maridada en adulteri (83), o molherat o autra femna, o femna maridada ab home, que corro la vila tuch nuctz e la femna ane primeira ab una corda per la colha, e la crida que va primeira en dizen : que aital fara aital penra ; e cadaus d'aquels adulteris done LXV (84) sols de justicia, las dos partz als senhors e la tersa part al cossehl.

---

blies qu'il dit lui être dues depuis un an ou plus, et si le tenancier prétend les avoir payées, il sera cru sur son serment.

LI. — Tous les habitants de Clermont et de ses dépendances, les chevaliers exceptés, sont tenus de contribuer aux tailles municipales ; tout propriétaire de biens meubles ou immeubles est soumis à cette obligation. La répartition de toutes les tailles établies par les consuls ou le baile doit être faite avec impartialité et loyalement.

LII. — Les coupables d'adultère devront parcourir la ville tout nus, la femme marchant la première, tenant d'un bout une corde attachée aux testicules de l'homme et criant : quiconque se conduira ainsi, ainsi sera traité. Chacun des coupables payera 65 sous d'amende, les deux tiers pour le seigneur et le reste pour les consuls.

LIII. — *Coups et blessures.*

E qui plagara home o femna iradament ab ferrament, o
ab peira, o ab fust, quel coste LXV sols de justicia als sen-
hors e l'adresse al plagat si s'en clamat e si no s'en clama,
quel senhor non aia re.

LIV. — *Du vol.*

E qui panara de nuch cauza valen VI diniès o d'aqui en-
sus, quel cole X sols de justicia, e si panara cauls o holos o-
portz de nuech o fructa quel cole X sols de justicia als
senhors.

E qui panara de nuch autras causas de la valor de XII
dinies o d'aqui en sus, quel coste LXV sols de justicia als
senhors e qui sia senhat a la primeira vetz, si la causa pa-
nada val XX sols o plus.

E qui panara de dias causa valen V sols o d'aqui ensus
quel coste LXV sols, la meitat als senhors e la meitat al
cosselh essia senhat (85) a la primeira vetz corra la vila ab
lo panadis al col.

E qui panara de dias causa valen de XII dinies en sus
entro V sols, corra la vila ab lo panadis al col e quel coste

---

LIII. — L'auteur de toute blessure faite avec un instrument
tranchant, ou une pierre ou un bâton, donnera 65 sous d'amende
au seigneur pour la victime si elle a porté plainte; sinon, il n'est
rien dû.

LIV. — Quiconque vole la nuit une chose de la valeur de 6 de-
niers ou plus, des légumes, des fruits, doit payer 10 sous d'a-
mende au seigneur.

Celui qui vole la nuit une chose de la valeur de 12 deniers ou
plus, doit payer 65 sous d'amende au seigneur et il sera marqué
à la première fois si l'objet volé vaut 20 sous ou plus.

Quiconque vole le jour une chose valant 5 sous ou plus, doit
payer 65 sous d'amende, la moitié pour le seigneur et l'autre
moitié pour les consuls; il sera marqué à la première fois et il
devra parcourir la ville en portant au cou l'objet volé.

Quiconque vole le jour une chose valant 12 deniers ou plus,

X sols la meitat als senhors, e la meitat al cosselh. E qui no
poira pagar aquestas justicias, sia mes a l'espillorii e tant
bauditz e gitatz de Clarmont cum lo cossehl se volra.

E tot hom que sia senhat, e pueis es probatz, del dich
panadis, que sia pendut ; e de sas causas, sia fach aquo que
desus es dich aqui on a parlat dels homicidis (87).

E totas horas qui panara emende la causa panada a aquel
de cui era estada emai acertant.

LV. — *Des dommages.*

E qui talhara l'autui vincha, o metra foc en l'autrui
maio, o en fe, o en blat, o en palhers, son essien, o versara o
folara l'autrui (vi) o aucira o engarara l'autui bestia o fara
autres lahtz fach o crims e malas fachas semlans ad aquest,
que la meitatz de totz sos bes sia encorsa als senhors e que
esta 1 an de Clarmont o de dins los dexs, e que emende en
doble aquela mala facha, si pero d'aquestas causas lo baile
ol cosselh n'an agut clamant o rancurant ; e deu stre facha
la emenda premeira abans que li senhor n'aio lor justicias.
E qui li senhors fasso dels feus cuz desus es dich dels feus
dels omicidis.

---

jusqu'à 5 sous, doit parcourir la ville avec l'objet volé au cou et
payer 10 sous, la moitié pour le seigneur et l'autre moitié pour
les consuls.

Pour les insolvables, l'amende est remplacée par le pilori et le
bannissement, au gré des consuls.

Le voleur tombé en récidive et déjà marqué, sera pendu et de
ses biens il sera fait ce que l'on fait des biens des homicides.

Dans tous les cas, l'objet volé doit être restitué à son proprié-
taire avec une indemnité.

LV. — La dégradation des vignes, l'incendie d'une maison, la
détérioration des récoltes et des denrées, les mutilations d'ani-
maux, sont punis de la confiscation de la moitié des biens des
coupables au profit des seigneurs, et le dommage doit être
réparé au double, si toutefois le baile et les consuls ont reçu une
plainte.

La réparation du dommage doit passer avant les frais de jus-
tice dus au seigneur.

E si no podia estre saubut que so aquelas malas fachas
ab inquisitio qu'en fesso los cosselh al baile o en autra ma-
neira, que lo cominal de Clarmont e de la honor o emen-
desso segon los stablimens de la patz a bona fe.

El bailes el cosselh essemps posco far enquisitio sobre las
malas fachas avant dichas essobre femna barreiada o pe-
leiada o sobres panadis si n'es facha rancura al cosselh. Pero
de mort d'ohme, o de cami raubat, o de foc mes dins la vila,
pusco far enquisitio si tot non an aguda rancura.

LVI. — *Violation de domicile, la nuit.*

Qui crébara maio de nuch, quel senhe de l'ostal o qu'illr.
qui vedrio al crit, lo prengo el rendo al senhor e li coste
LXV sols de justicia als senhors ; e si nol podia prendre e
lor escapava e l'aucisian ol plagavo dins la maio, que no fos
hom tengut als senhors ni als parens ; e si re i panava qu'en
fo fach cuz de layro.

LVII. — *Viol.*

Qui peleiara femna maridada que perga los colhos e que
li senhor n'aio LXV sols de justicia ; e si no a marit ni el
molher, que la prenga per molher e non done justicia, si es.

Si, malgré l'enquête, les consuls et le baile ne peuvent savoir
quel est l'auteur du dommage, la communauté de Clermont le ré-
parera de bonne foi, selon les établissements de la paix.

Le baile et les consuls informent en commun les dommages
susdits et les viols et les vols sur dénonciation.

Pour l'homicide, le vol sur les grands chemins, l'incendie en
ville, ils peuvent informer d'office sans dénonciation.

LVI. — Celui qui s'introduira de nuit dans la maison d'autrui,
doit être arrêté par le propriétaire et les voisins et livré au sei-
gneur, auquel il payera 65 sous d'amende. En cas de résistance
ou de fuite, il peut être tué impunément. S'il dérobe quelque
chose, il sera traité comme un voleur.

LVII. — Le coupable de viol sur une femme mariée doit
perdre les testicules et payer 65 sous d'amende au seigneur. —

tals que a leis covenga, e la femna lo vol per marit; e si
prendre no la vol, o es talhs que a leis no covenga, quel done
marit a conoguda del baile e del cosselh; e si no a de que
fassa emenda a la femna, tant cum poira, e perga los
colhos, e dona LXV sols de justicia.

LVIII. — *Des bouchers.*

Li mazelhers (89) ganho sens plus e cada buou e vaca e en
cada bestia escoriadissa lo cap sotz (90), el cap, el col, el sen ;
essi plus car o vendia, quel costes X sols, la meitat als sen-
hors, e la meitat al cosselh.

E en porc e en troia, lo cap soutz, el ventre, el sai; e si plus
car o vendra, quel coste X sols, la meitat als senhors, e la
meitat al cosselh. E que no vendo carn ni chargoza ni
morta pel avol mort mest l'autra carn, ni en autre loc ; si
no dizia a totz aquels a cui la vendrio, e si offazia, quel coste
X sols, la meitat als senhors, l'autra al cosselh e la emenda
qu'en fezes en doblee a aquel a cui l'aura venduda a cono-
guda del bayle e del cossehl.

LIX. — *Des boulangères.*

E las pestoressas (91) que fasso bel pa e gran, e en cada
carteyra (92) que ganho XVIII dinies, el bren, el semol se-

Sur une femme non mariée, il doit l'épouser sans payer d'amende,
s'il y a convenance entre eux et si la femme le veut pour mari ;
sinon, il doit la doter et lui trouver un mari. S'il ne peut la doter,
il doit subir la castration et donner 65 sous d'amende.

LVIII. — Les bouchers peuvent gagner sur chaque bœuf, vache
et sur chaque bête écorchée 4 sous, plus la tête, le cou, le sang,
et pas davantage, sous peine de 10 sous d'amende, la moitié
pour le seigneur et l'autre moitié pour les consuls.

Sur chaque porc ou truie, 4 sous, le ventre et le sang, et pas
davantage, sous peine de 10 sous d'amende.

Il est défendu de vendre des viandes gâtées sans prévenir l'a-
cheteur, sous peine de 10 sous d'amende, et la remise de deux
fois le prix d'achat au client.

LIX. — Les boulangères doivent faire du pain beau et grand ;

nes plus ; e qui plus car la vendra quel costes V sols de
gatges, la meitat als senhors e la meitat al cossehl ; elpa
d'aquela cocha que sera petit sia donat per mor de dieu.

LX. — *Des aubergistes.*

Qui vendra vi a falsa mesura, quel coste LXV sols als
senhors, e tot lo vi del dozilh (93) en sus del vaysel don ne
vendra ; e la falsa mesura, que sia arsa (94) en la plassa.

LXI. — *Des fours.*

E que al forns de Clarmon coga hom tot lo pa per lo seze
pa, e que li forner lo cogo be e belh, el gardo d'afolar, el porto
al forn, el torno al mandaire ; que n'aia so cog aital cum
hom li volra dona fe ; e s'il pas se perdia o s'afolava per
malcoze o en autra maneira, que li forner o adobesso.

LXII. *Des moulins.*

Si molener de Clarmont e de la honor molo tot lo blat per
lo seze baisel (95), que n'aio senes que no n'aio plus blat ni
farina ; e quel redo mout be et bel, sens tot barat que no i
fasso de farinal ni d'autra causa ; e si aissi no o fasio, que

---

elles peuvent gagner sur chaque quartail de blé 18 deniers, et le
son et la semoule, et pas davantage, sous peine d'amende et de la
confiscation du pain au profit des pauvres.

LX. — L'emploi de fausses mesures pour débit de vin est puni
d'une amende de 65 sous pour le seigneur et de la saisie du vin
qui est dans le tonneau au-dessus du douzil ; la fausse mesure
doit être brûlée en place publique.

LXI. — Le fournier doit faire cuire tout le pain bon et beau, pour
un pain sur seize. Si le pain se perd ou se gâte, il en est respon-
sable.

LXII. — Le meunier de Clermont doit moudre le blé pour un
boisseau sur seize, pas davantage ; et il doit vendre la farine
bonne et belle, sous peine de 5 sous d'amende, la moitié pour le

lor coste V sols, a cada una vetz, la meitat al senhors et la meitat al cosselh, e que esmendo aitant cuz mai n'aurio agut.

LXIII. — *Des statuts établis par le baile et les consuls.*

E quel baile el cosselh posco far e metre stablimens (96) cadau sobre aquo quel volran, li cals establimens aio valor tant quant aquilh quel farau seran de cosselh aio be cum si ero dretz o costuma. E de totas pechas que establisco en aquels establimens, sobre batemens o sobre autras causas, sia la meitat als senhors e la meitat al cosselh.

LXIV. — *Autorité des coutumes.*

Tota causa et tot plach e questiotz e demans que sia demenatz a Clarmont, sia juggat e determenat per aquesta costumas o per los stablimens de Clarmont; e si no podio per diversitat de cas que hi aueguesso, quels cals cas avenidors no fos fach mentios en las costumas ni els stablimens de Clarmont, que sia juggat per drech escrieut (97).

LXV. — *Du marché.*

Lo mercat da Clarmont sia, per totz temps, a toz los dissapdes; e que totz hom e femna que hi venga sia sals e segurs, si home mort no i a, o pres nolte, o bandit no era, de poiss que sera partit de son ostal per venir al mercat,

---

seigneur et l'autre moitié pour les consuls, et réparer le préjudice causé.

LXIII. — Le baile et les consuls peuvent chaque année faire des statuts qui auront, tant qu'ils seront en charge, la force des coutumes. — Les amendes prononcées pour contravention à ces arrêtés seront partagées également entre le seigneur et les consuls.

LXIV. — A Clermont, toutes les affaires doivent se régler par les coutumes et statuts de Clermont, et en cas de silence, par le droit écrit.

LXV. — Il y a marché à Clermont tous les samedis. Tout étranger peut y venir en toute sûreté, à moins que quelque crime

entro que isia tornat. E si nulhs hom mal fasia a lui, ni assas-
causas, que li senhor e li cavaler, el cominals de Clarmont
o demandesso aitant forment cuz hom los avia totz raubatz.

E qui portara venda o per lo mesurar de cada mezura.....

LXVI. — *Le notaire.*

E que aia a Clarmont notari public, e las cartas publicas-
que fara que aio valor aital cum an Agen las cartas pu-
blicas fachas per los notaris d'Agen, e que aia aitals fran--
quesas (98) cuz an li notarii d'Agen (99) ; e que scriva las-
cartas dehls platz (100) ; e que de las cartas e de las actas aia.
son celari (101) a bona fe, e si trop ne demandava qu'en.
preses a conoguda del cosselh.

LXVII. — *Fonctions du baile.*

E quel baile fassa totas las justicias e leve totas las pechas-
de totas personas e sia leals e drechures e entendut en son.
officii e curios ; e si no n'era aitals en lo meiss officii a la
conoguda del cosselh o de la maior partida, que l'ostesso li
senhors de la bailia ades, e qui ni mesesso d'autre qui estes-
entro al terme quel i devia esta ; e evant que leve la justicia.
fassa intrar e pagar la carta.

---

ou délit n'ait été commis dans la journée. Les seigneurs et che-
valiers et la communauté de Clermont doivent regarder comme-
fait à eux-mêmes le mal ou le dommage qui lui serait fait.

LXVI. — Il y a à Clermont un notaire public. Ses actes ont la.
même autorité qne ceux passés par les notaires d'Agen. Il jouit
des mêmes franchises que les notaires d'Agen. Il doit rédiger les.
expéditions des jugements. Il lui est dû pour son ministère une
rétribution honorable. En cas de contestation, les consuls-
tranchent le différend.

LXVII. — Le baile a la plénitude de la juridiction, qu'il doit
exercer loyalement, avec droiture et compétence. Si les consuls-
ou la majorité des habitants jugent qu'il en est autrement, ils doi-
vent le destituer et lui donner un remplaçant jusqu'à l'expiration
de son mandat.

LXVIII. — *De la garde du bétail pendant la nuit.*

E totz hom garde o fassa gardar sos buos a totas las nuch que no fasso mal atrui; e aquel que los laissara defora la nuch sens garda quel coste XII denies de gagge.

E a tot mesage e a tot home que gardes buos de nuch en autrui mala facha quel costes LXV sols de justicia. E d'aquels predichs LXV sols fos la meitat als senhors e la meitat al cosselh. E aquel quels hi trobaria, qu'ent fos cresut per son sagrament qu'en fes, li era denegat.

LXIX. — *Du collecteur de tailles.*

Si alcus senhor o cavalers demandava re per razo de questa a alcu sou home quistal que sia del cominal de Clarmont e n'era contrast entre lor, qu'en prenga aitant d'aquela questa cuz dira lo cosselh.

LXX. — *De la cour du seigneur.*

Quant li senhor ol bailes o senher de feus volran tener cort de plach a Clarmont, que fasso lor cort del cossehl de Clarmont de tot lo cosselh o d'aitans de cosselh cuz aver ne poiran e en totas maneras que ni aia de cosselh.

LXVIII. — On doit surveiller ou faire surveiller pendant la nuit le bétail pour qu'il ne cause préjudice à personne, sous peine de 12 deniers d'amende.

Celui qui garde du bétail la nuit sur le terrain d'autrui est passible d'une amende de 65 sous, la moitié pour le seigneur et l'autre moitié pour les consuls. Le dénonciateur du délit doit être cru sur serment.

LXIX. — Si un seigneur ou chevalier demande une part des tailles au collecteur de Clermont et s'il n'y a pas convention entre eux, il prendra la part qu'auront fixée les consuls.

LXX. — Le seigneur ou le baile ou le seigneur censier doit, pour tenir sa cour de justice à Clermont, être assisté des consuls, de tous ou au moins de quelques-uns.

LXXI. — *Des extorsions de fourrages par les seigneurs.*

Negus senher de Clarmont, ni cavalhers, ni donlsehl, ni
lor escuder, ni lor mainada, ni autras personas no prengo
l'autrui herba de prat, ni l'autrui palha, ni fe, ni l'auatrui
orthalici, ni offasso far a rescost ni aparen (102); equi offaria
quel costes v sols, la meitat al senhors e l'autra meitat al
cosselh si o fasia de dias ; e si o fasia de nuh, quel costes
aitan cuz desus es dich aqui on parla de panar de nuch ; e
qui no paira pagar la pecha que deura, que sia mes en l'es-
pillori o que sia gitat de Clarmont entro que la pague ; e
totas horas aquel que houra fach far qu'en renda dos aitans.

LXXII. — *Droit de pâturage.*

E tot hom que sia estanga da Clarmont ho en la honor,
aia herbage e paissonage a tot son bestial per totas las terras
hermas dels senhors e d'esscahles de Clarmont e francamen
se n'es tot pres.

Enpero gitat e exceptat que hom no deu tener ni metre per
noirir ni per paisser bestiair fer entre Bargalona el castel,
ni entre Garonna el castel de Clarmont, ni entre Castels el
castel, ni entre sancta Crotz el castel, ni entre San-Sussizi

---

LXXI. — Les extorsions de fourrages, pailles, foins, produits de
jardin, sont interdites aux seigneurs, chevaliers, damoiseaux et
aux gens de leur maison et à toute personne, qu'elles aient lieu
en secret ou publiquement. Ce délit, commis pendant le jour, est
puni d'une amende de 5 sous ; s'il est commis de nuit, il est as-
similé au vol de nuit.

Celui qui ne pourra payer l'amende sera mis au pilori et banni
de Clermont jusqu'à ce qu'il l'ait payée. L'instigateur du délit
payera le double de l'amende.

LXXII. — Tout habitant de Clermont a le droit de pâturage pour
tous ses bestiaux, sur les terres fermes des seigneurs de Cler-
mont.

Cependant, il n'est pas permis de faire paître le bétail non
dressé sur quelques terres déterminées, sous peine de 5 sous

(103) el castel de Clarmont, ni de boca Negavelha (104) entro al castel de Clarmont.

E al message o aquel que las metria per tener, o per estar, o per paisser dedins los predictz termes, que costes a cadau **v** sols a cada votz que o faria, la meitat als senhors e la meitat al cosselh e **vi** dinies que costes a cada una bestia fera per cada una vetz que seria, la meitat als senhors e la meitat al cosselh ; e si lo mesagges no podia pagar los predich **v** sols, que fos mes e l'espilori o gitatz de li honor de Clarmont entro pagues lo **v** sols.

E es acostumat e entendut en aquestas costumas que tota bestia boina e cavalina es fera si no ara, o no popa o no carega.

Enpero tot lauraire posco noirir e tener an sos bous arans 1 vedel o dos an sa propria lauransa.

LXXIII. — *De la protection.*

E tot home que done captenh sens autre omenagge a alcuna persona de Clarmont ho de la honor, que esca d'aquel captehz quant se volra ; e que aquel Senher o cavalers o autra persona, d'aqui avant, no posca demandar aquel captenh aquel qu'en sera issit ni assos efans, pero tant quant aquel qu'en sera issit e sei efan estaran a Clarmont o dedintz los dexs.

---

d'amende pour chaque fois et de 6 deniers par tête de bétail. Celui qui ne pourra payer les 5 sous sera mis au pilori et chassé de Clermont jusqu'à ce qu'il les ait payés.

Est réputée non dressée toute bête bovine ou chevaline qui ne laboure pas, ne tète pas ou ne charrie pas.

Tout laboureur peut être éleveur et avoir avec ses bœufs de labour un veau ou deux.

LXXIII. — Celui qui donne sa protection est libre de la retirer et on ne peut la réclamer ni à lui, ni à ses enfants, tant qu'ils resteront à Clermont.

LXXIV. — *Obligation de spécifier par écrit les devoirs des fiefs.*

Tot home autrege a autre quant lo demandara carta de tota
causa que conosca quel dega far de feus, o de venda, o de
deute, o d'autra causa ; e qu'el baile ol cossehl l'en dest-
rengo, si far no o volia, e qu'el costes X sols, la meitat
als senhors e la meitat al cosselh.

LXXV. — *Service militaire.*

Quant li senhors da Clarmont deuran far ost al princep de
la terra, la us dels meis senhors de Clarmont fassa aquela
ost a 1 cavaler, e ab lors escuders, e ab lors arneis, e que la
us dels cossols de Clarmont ane ab lor, que lor fassa la mes-
sio, e que faran en aquela ost tant quant estaran en la oste,
o en lo cami avan e tornan, entro que sian tornatz areire a
Clarmont via drecha avan e tornan de manjar, e de beure, e
d'asivadar, e d'alberc pagar, e de ferrar, sens plus.

E que lo cosselh de Clarmont levo e talho elcialment
aquelas messiotz dels juratz e dels habitans a Clarmont, e
dedins los pertenemens, e dedins la predicha honor de Clar-
mont ; e que aquel senher de Clarmont ne fassa en porte
d'aquela veth que fara aquela ost, bona e ferma garencia del
princep de la terra e de totz los seus a totz los habitans de
Clarmont, e de totz los sos apertenemens e de la honor de
Clarmont per totz los loctz. Enpero si podiou estre quiti de la
predicha ost per l'ondrable senhor abesque d'Agen, quar

LXXIV. — Chaque habitant est tenu de spécifier par écrit les
devoirs des fiefs à celui qui lui en fait la demande ; s'il s'y refuse,
le baile et les consuls peuvent l'y contraindre et lui infliger une
amende de 10 sous.

LXXV. — Les seigneurs de Clermont doivent le service mili-
taire à leur suzerain ; un seigneur, un chevalier et leurs gens
doivent répondre à son appel et un des consuls doit se joindre à
eux et payer les frais de l'expédition.

Les consuls de Clermont doivent ensuite répartir également
entre tous les habitants le montant des dépenses et le seigneur
de Clermont doit donner au nom du seigneur suzerain et au sien
bonne et ferme garantie à tous les habitants.

dich castels es del feus del meis senhor abesque (105), que fosso quiti de la predicha ost, si lo meis senhor abesque los o podia acabar.

LXXVI. — *Droits de péage, de leide, de denier.*

E que li senhor de Clarmont e lor successor aio per totz temps aitals meis piagges per terra e per aygua e aitals meissas leidas e aitals meis deneys en los lombes cum ansianament hian agut sai enreire en los que son passatz a Clarmont e en la honor per totz loctz. E aio en los meis piatges en las leidas e en lo mazel aitals justicias, e gages cuz hi an agut sai en reire ansianament.

LXXVII. — *Des contestations entre seigneurs.*

E que li senhor de Clarmont no fasso ni tort ni forsa la us e a l'autre, ni s'en penga en sas terras, ni en sas reudas, ni en sas drechuras la us contra l'aure.

E si contrast era per alcunas causas, ni per alcunas injurias o per alcunas actios reals o personals o en alcuna maneira entro lo senhor de Clarmont, que de tot aquo fesso drech per patz o per jugament en la ma del baile e del cosselh de Clarmont ; e qu'en donesso bonas fermenssas aisi volrio lo bailhles ol cosselh de Clarmont, sens tot contrast e sens tota defucha ; e quals meis bailes e cosselhs los ne posco afiuar o jutgar e per aquestas costumas on drech e per compositio

---

L'évêque d'Agen, de qui relève le château de Clermont, peut rendre les habitants quittes de l'expédition.

LXXVI. — Les seigneurs de Clermont ont, comme autrefois, les droits de péage, sur terre et sur eau, de leide, de denier, pour la perception desquels ils gardent les mêmes droits de justice et de gage.

LXXVII. — Les seigneurs de Clermont ne doivent pas se nuire réciproquement. Si une contestation survient entre eux, elle sera réglée à l'amiable ou par un jugement rendu par le baile et les consuls de Clermont qui pourront les forcer à donner caution. Le baile et les consuls les jugeront d'après ces coutumes ou le

(133) aissi cum li meis bailes o cosselh conoisserio que fos-
fazedor e qu'ensegur per sagrament e per fiansas e en aquela
maneira quel baile el cosselh volrion que lors fos plus ferm,.
qu'en poguesso far patz o jutgament, breument.

LXXVIII. — De la maison des jurats de Clermont.

E las molhers e li efans e las mainadas (106) dels juratz de-
Clarmont sian aisi be de las costumas de Clarmont, tant
quant estarant au lor cuz si avion juratz.

LXXIX. — Coups de couteau.

E qui traira cotel iradament (135) contra autre e clamor
n'es facha al baile, quel coste x sols. *Dantur.*

*Approbation des Coutumes par les seigneurs, les prud'hommes,.
le conseil et le peuple de Clermont et serment de les observer.*

E tuch li predich cavalers e donzels de Clarmont e li pro-
home el cominals el poble del meis castel de Clarmont re-
ceubo las predichas costumas e s'en tengo per pagatz e las
lauzero e las autregero per lor e per los successors (107).

E jurero corporalment sobre lo sans Evangelis de Dieu
e sobre l'autar de la gloriosa Sancta-Victoria en la gleisa de-
Clarmont, de lor bon grat e certificat de lor drech, el pre-
dich senhor de Clarmont e li predich cavaler e li prohome
de Clarmont :

---

droit romain ou par un arrangement, à leur gré et exigeront ser-
ment et cautions nécessaires pour plus de garantie, et ils pour-
ront régler le tout sommairement.

LXXVIII. — Les femmes, enfants et gens de la maison des ju-
rats jouiront, comme leurs maîtres, des coutumes de Clermont,
tant qu'ils seront avec eux.

LXXIX. — Quiconque, dans un moment de colère, donnera un
coup de couteau à quelqu'un, sera, si plainte est portée au baile,
condamné à 10 sous d'amende.

Les chevaliers et damoiseaux, les prud'hommes et le peuple de.

So es assabe : Ramon Bernat de Durfort, senher Saisset, Baudois de Durfort, en Senher Doissima, en Issarn de Clarmont, en Bertran de Senh-Geners, senhors del meis castel de Clarmont.

E li cavaler e li donsel del meis cavaler, so es assaber B. W. de Senh-Peire Avals, Arnaut de Brols, Arnaut de Fontanihas, Segui de Gasques, Seni-Bru de Puech-Barsac, Seni Arnaut de Ribairola, B. de Senh Peire Avals, Peire de Gasques, en Augers de Puech-Barsac, fihl del senhor Arnaut de Durafort qui fo, en B. G. de San-Peire Avals, lo joves, en Grimoart de Puech-Barsac cavaler.

E li prohome del meis castel, so es assaber B. Forner, G. Bassa, P. de Belpuch, Genes de Lebatut, P. de le Burgada, G. Gaucem, Arnaut Faur, P. del Prat, B. Ardit, Ramon de la Moleira, B. Miquel, B. Danial, Robert de Guiscart, Seni Teisender, G. Molener, senher Servat, P. Durant, Robert Costas, Ramon de Cauda Costa, B. Correger, Ramon Bessa, en Robi, B. de la Molera, Gaubert Faur, senher de Bela Artiga, B. de Biloca, P. de Sat, Robert Bru, G. de Marfre, G. Bal, Ramon Manta, senher de Viana, Johan Porquer, Arnaut de Bordales, Johan Sabater, P. Teicender, G. de Codonhac, Bidalis de Gaissio, B. Bassa, Arnaut Burgada, Seni Bessa, Johan Duran, Arnaut Robi, P. del Puech, Seni del Rocal Bideiz, B. de Bela Artiga, P. Coa, B. de Ricaudia.

E totz l'autre cominals del meis castel de Clarmont per lor e per lors successors eo promezo tuch essemps.

E cadaus li predich senhor e li predich cavaler e donzel e li predich prohome e totz lo comunals el poble del predich cas-

---

Clermont reçoivent ces coutumes, s'en déclarent satisfaits et les acceptent pour eux et leurs successeurs.

Les seigneurs, les chevaliers et les prud'hommes de Clermont jurent sur l'Évangile placé sur l'autel de sainte-Victoire dans l'église de Clermont, de leur bonne volonté et de leur droit.

Noms des seigneurs, des chevaliers et des damoiseaux.

Noms des prud'hommes.

Les membres de la communauté du château de Clermont promettent fidélité pour eux et leurs successeurs.

Les seigneurs, chevaliers, damoiseaux et les prud'hommes et

tel de Clarmont, en la vertut del predich sagrament que ant fach sobre lo predich autar, juro tuch comunalment, que totas e cada una las predichas costumas auran, e tedran, e gardaran fermamen e stablament, per lor e per lors successors, per tos temps, sens tot corrompement, esses tot contrast e lialment a bona fe.

Aysso fo ayssi fach e acordat en la gleia de sancta Victoria de Clarmont-sobeira, II dias a l'issit del mes de Febrier (108).

Hujus diei testes sunt :

Guillermus Delvinal capellanus Clarmontis, Seguinus Trosset, Ramundus Bernardi de Pelicer, Geraldus de Golfrich, Arnardus Delvhinal, Bernardus Dainal, Arnaldus Gracie del Fossac, domicellus, Ugo del Planter, clericus.

Et ego Poncius Mainardi (109) comunis notarius Agennensis qui hanc cartam scripsi utriusque consensu, anno gratie Mᵒ CCᵒ LXᵒ secundo. Rennante domino Alfonso (110), Tolosano comite, et Guillelmo (111) Agenensi episcopo.

---

toute la communauté et le peuple de Clermont, en vertu du serment prêté sur l'autel, jurent de garder et d'observer fidèlement ces coutumes pour le présent et l'avenir, loyalement et de bonne foi.

Fait et accordé dans l'église de sainte-Victoire de Clermont-Dessus, le 27 février.

Noms des témoins :

Pons Mainard, notaire public d'Agen, a écrit cette charte d'un commun accord, en 1262, Alphonse étant comte de Toulouse et Guillaume évêque d'Agen.

NOTES

(1) B. de Durfort fut l'un des 10 barons témoins le 15 janvier 1261, lorsque *Jean Chandos*, vicomte de Saint-Sauveur, lieutenant-général pour le roi d'Angleterre, fit serment aux consuls de Moissac en prenant possession de cette ville. (P. Anselme, V, 723, c.)

(2) Le passage analogue du texte des coutumes de Larroque porte : « del meis castel. »

(3) Cet article n'est pas dans les coutumes de Larroque-Timbaud.

(4) Ensabatatz, de *sabatati*, *insabatati*, les Vaudois. Sectaires du douzième siècle ainsi nommés de leur fondateur *Pierre Valdo* ou de Vaux. On leur donna le nom de *Sabotés* ou *Insabotés*, à cause de leur chaussure. Les Vaudois attaquaient la hiérarchie ecclésiastique et demandaient que l'Église revînt à sa pauvreté primitive. Ils furent poursuivis comme hérétiques à l'époque de la guerre des Albigeois et quittèrent le Languedoc et le Dauphiné pour se réfugier en Provence et en Piémont. Cet article des coutumes de Clermont montre qu'ils s'étaient répandus dans l'Agenais.

(5) Le passage suivant d'abord inséré dans le texte a été ensuite annulé : « dins los dretz del meis castel e a totz aquels que seran juratz del meis castel totas e cada unas las costumas que so en aquesta presen carta. »

(6) A Clermont comme à Larroque la majorité pour l'accomplissement des devoirs féodaux était donc fixée à 14 ans.

(7) Dans toutes les coutumes de l'Agenais, les seigneurs prêtent serment les premiers; les villes ont dû tenir à cette marque d'infériorité à leur égard.

(8) Chaque seigneur avait une partie de la seigneurie qui lui était propre. Le baile administrait au nom de tous les co-seigneurs et les revenus étaient répartis entre eux, *quisque pro regione sud*.

(9) Les *dretz* ou *dex* sont les limites de la juridiction et l'*honor* le territoire compris entre ces limites, qui profite des coutumes octroyées. V. Ducange, *deci*, *dextri*.

(10) Petit ruisseau qui prend sa source dans le village de Pommevic canton de Valence) et se jette dans la Barguelonne, non loin de son confluent avec la Garonne.

(11) Petit affluent de la Barguelonne.

(12) Eglise paroissiale de Clermont-Dessus, sous le vocable de Sainte-Victoire, jeune romaine, martyrisée en 249, pendant la persécution de Dèce.

(13) *Saint-Pierre de Belpech*, commune de Clermont-Dessus, canton de Puymirol (Lot-et-Garonne).

(14) *Sainte-Marie d'Aurilhac*, petite église dans la paroisse de Sainte-Croix (commune de Saint-Urcisse, canton de Puymirol).

(15) *Sainte-Croix*, commune de Saint-Urcisse, canton de Puymirol.

(16) *Greyssas*, commune du canton de Puymirol.

(17) *Pervile*, commune du canton de Valence d'Agen (Tarn-et-Garonne)..

(18) *Ferrussac*, commune de Saint-Maurin (Lot-et-Garonne).

(19) *Saint-Martin d'Avelanède*. Annexe de la commune de Greyssas (Lot-et-Garonne).

(20) *Gasques*, commune du canton de Valence d'Agen (Tarn-et-Garonne)..

(21) *Lalande*, commune de Goudourville, canton de Val. d'Ag. (T.t-G.).

(22) *Sigohnac*, commune de Saint-Clair, canton de Valence (T.-et-G.).

(23) *Saint-Jean de Castels* (Valence) (T.-et-G.).

(24) *Sules*, annexe de la commune de Gasques (canton de Valence d'Agen)· (T.-et-G.).

(25) Eglise de *Coupet* (S. Petrus e vallibus), commune de Clermont-Dessus.

(26) *Tayrac*, commune du canton de Beauville (Lot-et-Gar.).

(27) *Goudourville*, commune du canton de Valence.

(28) *Saint-Julien de Goudourville*, église paroissiale.

(29) *Golfech*, commune du canton de Valence.

(30) *Gresselh*, lieu dit de la commune de Golfech?

(31) *Saint-Jean de Thurac*, commune du canton de Puymirol (Lot-et-Garonne).

(32) Hôpital de *Valès ;* peut-être l'église Hospitalis de Bargalonâ prope· Golfogium (Golfech). (Identification proposée par M. F. Moulenq).

(33) *Saint-Christophe*, commune de Saint-Jean de Thurac (Lot-et-Garonne). ⋅ ⋅

(34) *Pont de Castels,* sur la Barguelonne, commune de Valence d'Agen· V. *Hist. du Quercy de Cathala-Coture*, t. III, 428.

(35) *Mausquer*, île de la Garonne, près de Laspeyres (Lot-et-Garonne).

⋅(36) Séoune, petit affluent de·la Garonne.

(37) *Libas*, commune de Tayrac, canton de Beauville (Lot-et-Gar.).

(38) *Gandaille*, commune du canton de Beauville (Lot-et-Gar.).

(39) *Cambol*, lieu dit de la·commune de Tayrac.

(40) La Pentecôte est prise dans quelques chartes du Midi pour le point· de départ de l'année politique. Le lendemain de la Pentecôte ou le troisième jour après cette fête, le baile et les consuls étaient renouvelés.

(41) A Clermont, les seigneurs seuls procèdent à l'élection du baile; à Larroque, au contraire, l'élection est faite avec le concours des consuls.

(42) Ce mode d'élection était pratiqué dans l'Agenais et presque dans· tout le Midi.

(43) Le nombre des consuls était calculé d'après la population; Agen en avait 12; Larroque, 4.

(44) A Larroque, les habitants doivent, dans les 8 jours de l'élection des· consuls, leur prêter serment.

(45) Dans les coutumes de Larroque le délai de cet appel est de 6 jours. — D'autres coutumes sont muettes sur ce délai.

(46) Le droit de révision admis par le droit canonique ne s'appliquait qu'aux interlocutoires et non aux jugements définitifs.

(47) On lit dans les Cout. de Lar. : *per essonia.*

(48) La monstrée, *monstrata,* consistait à donner tous ses biens en ga-- rantie et à les montrer au juge; c'était notre cautionnement en immeubles et en *argent.* V. *Code d'instr. crim.*, art. 114.

⋅ (49) Cette peine se retrouve dans les coutumes d'Agen (XVI), de Bordeaux (XXI, éd. de Lamothe, p. 24). Celle de la confiscation se retrouve partout.

(50) Le droit écrit, c'est-à-dire le droit romain, tandis qu'au n° 12 c'est

le droit canonique. Le droit romain avait admis en matière d'homicide plusieurs excuses comprises dans l'*homicide* nécessaire.

(51) C'est l'hypothèque légale des femmes telle qu'on la pratique aujourd'hui. V. *Cout. d'Agen,* ch. xv. V. *Cout. de Larroque,* ch. xii.

(52) Ce numéro atteste le maintien des dispositions du droit romain sur la puissance paternelle dans les pays de droit écrit. Dans les coutumes d'Agen le chef de famille a le droit de correction sur sa femme, sa fille et ses serviteurs. S'il a l'autorité, il a aussi, comme propriétaire unique, une responsabilité générale. Le père peut se dégager de cette responsabilité en abandonnant son pouvoir sur sa femme et ses enfants; c'est ce qu'exprime le mot *desemparar, refuser sa protection.* V. le ch. xxii de la *Coutume d'Agen.*

(53) Le jour de conseil, *dies consilii,* est le délai pour se consulter. Ce délai est de 15 jours pour les gentilshommes, de 8 jours pour les roturiers libres, et d'une durée arbitraire pour les serfs ou vilains. Il était en général de 8 jours.

V. *Cout. d'Agen,* ch. vi.

V. Desf., *Cons.,* ch. xiii, art. 1, 4.

V. Beaum., ch. vii, 3.

V. Olim, arr. de 1254, t. I, p. 418.

V. *Établ. de L. IX,* l. II, ch. xxxi.

Aujourd'hui, le jour de conseil est compris dans le délai fixé pour la comparution.

(54) La reconvention, empruntée au droit romain, ne s'appliquait pas en cour laïque, mais seulement en cour ecclésiastique.

V. Beaum., ch. ix, art. 47; Desfont., *Conseils,* ch. xxix, 5.

La reconvention devait être faite au début du procès, d'après le droit canon.

V. Févret, *Traité de l'abus,* t. I, p. 413.

Le droit canonique avait puisé ces principes dans le droit romain et les avait transmis aux juridictions inférieures.

(55) L'action en garantie jouait un grand rôle dans la procédure du moyen âge. Elle était admise en matière immobilière et mobilière.

(56) La procédure était trop onéreuse pour ne pas être limitée à une certaine valeur. Or la limite de 20 sous est très justifiable, si on adopte pour l'évaluation de la valeur intrinsèque et relative les calculs donnés par M. Mouillé dans la note 1, art. 3 des *Coutumes de Prayssas (Rev. hist. de dr. fr.,* VI, 133).

La valeur intrinsèque des 20 sous qui devaient être *arnaudins,* monnaie courante de l'Agenais, est, à raison de 2 fr. 04 par sou, de 40 fr. 80. La valeur relative, en mettant à 6 la puissance de l'argent, est de 40 fr. 80 $\times 6 = 244$ fr. 80.

(57) Pratiquée d'abord devant les tribunaux ecclésiastiques, la procédure écrite fut adoptée par les tribunaux laïques, surtout après la substitution de l'appel au duel judiciaire (*Établ. de Louis IX,* L. I, ch. vi). Cette procédure écrite a gagné, au treizième siècle, comme nous le voyons, les juridictions inférieures.

Beaumanoir cite l'usage des cours ecclésiastiques : « En la cort de chrétienté, on baille à la partie se demande par écrit, puisque le demande est de 40 sous, et en tels lieux y a de 20 sous et plus.

(58) Le serment de calomnie, *jusjurandum propter calumniam,* est emprunté au droit romain. V. Code, liv. II, tit. LIX, ch. i et ii.

Le mot *calomnie* avait autrefois le sens de contestation et de procès. De là le nom de serment de calomnie pour le serment purement litigieux.

(59) C'était l'amende du téméraire plaideur repoussée par notre droit moderne avec raison.

(60) Le droit romain traite des procureurs au *Digeste*, L. II, tit. IV; L. III, tit. III; *Code*, L. II, tit. II et XIII.

(61) La peine du transpercement de la langue était réservée aux crimes de la parole. Louis IX dans une ord. célèbre la prononce contre les blasphémateurs. Dans Beaumanoir (ch. xxx, art. 43), la peine corporelle du faux témoignage est la prison et le pilori. D'après les *Établissements de L. IX* (l. I, ch. i), cette peine était arbitraire. Les coutumes de Larroque ajoutent à la promenade et à la langue percée la *crida* : « qui aital fara, aital penra. » Dans les coutumes d'Agen, comme dans celles de Clermont, il n'est pas question de la *crida* (V. *Cout. d'Agen*, ch. xxi).

(62) L'amende contre le faux témoin est de 5 sous; elle est de 10 sous dans les coutumes de Larroque (a. 30).

(63) Les coutumes d'Agen, de Larroque comme celles de Clermont refusent aux faux témoins le droit de déposer désormais en justice.

(64) Cette défense de preuve faite au seigneur vise une disposition analogue à celle de l'art. 1781 du Code civil qu'il devait invoquer dans ses rapports avec les vassaux. En règle générale, le seigneur n'est donc pas cru sur son affirmation.

Or, dit Beaumanoir, ch. xxxix, art. 70, 1, 2, le seigneur a le droit de constater, dans des actes appelés *lettres*, les conventions faites entre lui et ses vassaux. Et l'apposition du sceau donne à ces actes le caractère obligatoire.

L'art. 29 restreint les preuves résultant de ces lettres aux actes d'un procès attestés par la cour elle-même, aux chartes communes et de notaire et aux lettres scellées d'un sceau authentique.

(65) Amoindrissement du fief, l'abréger, l'amoindrir. Les coutumes de Larroque, comme celles de Clermont, admettent dans ce cas la preuve par la simple affirmation du seigneur; celles d'Agen ne l'admettent pas.

(66) Ce mot veut dire ici : *droits immobiliers*.

(67) Le principe ici formulé est l'application des règles de l'*éviction* en droit romain. *Code*, liv. VIII, tit. XLV. Il se trouve dans l'art. 1626 du Code civil.

(68) Retrait. Le retrait était la faculté de retirer, moyennant remboursement, un immeuble aliéné. Le droit de retrait était accordé aux parents et aux seigneurs.

L'art. 841 du Code civil l'accorde entre cohéritiers pour la vente d'un droit successoral.

Torn vient de *turnus, tornare*. — En latin, on disait *retractus per bursam* ou *turnus per bursam*.

(69) De même dans les Cout. de Larr., pour pouvoir exercer le retrait, il fallait être parent jusques au quatrième degré. Beaumanoir va jusques au septième. (V. ch. xliv, art. 12).

Les *Coutumes d'Agen* ch. xxxviii, admettent le retrait quel que soit le degré de parenté : « en qualque manera sia sos parents. »

(70) Dans les cout. de Larroque le délai est de 15 jours.

(71) L'acheteur qui se voit frustré du retrait est donc libre d'exiger ou de ne pas exiger le serment. Les *Cout. d'Agen* (ch. xxxviii) nous donnent la raison de ce serment. On voulait éviter que le retrait devînt une spéculation.

(72) On lit dans les *Cout. d'Agen* (ch. xxxviii) : « Sos capsols, so es assaber I diner de cada xii diners. C'est donc le douzième du prix de vente ou 8,33 pour 100.

(73) Il est difficile, vu l'absence de renseignements, de définir la caution sur le fief. Dans les *Cout. d'Agen*, (ch. xxxviii), on voit 3 espèces de caution : la *caution parlante*, la *caution par la main*, la *caution sur le fief :* « deu lo fermar lo feuzater per fermansa parlant, si pot; e si no pot, deu lo fermar per sa ma o sobre l feus que te de lui. »

(74) Pour l'Agenais comme pour chaque province, il existait un formulaire spécial pour les duels. Il n'a pas été retrouvé.

(75) Le chapitre xxvii des *Coutumes d'Agen* publiées par M. Mouillié en 1850, au tome V du *Recueil des travaux de la Société d'agriculture, sciences et arts d'Agen*, 1850, est consacré à la dot. En voici l'analyse :

Si la femme meurt la première sans laisser d'enfant, la dot retourne à son plus proche parent.

Si le mari meurt le premier, qu'il ait des héritiers ou non, la femme recouvre sa dot entièrement. Et si la femme était vierge quand il l'a épousée, le mari doit lui laisser le double de la valeur de sa dot mobilière.

La dot immobilière revient toujours aux héritiers de la femme; le mari en a l'usufruit seulement du vivant de sa femme.

Le ch. xc des *Cout. de Larroque* qui traite de la dot ajoute aux règles précédentes que la femme qui laisse des enfants de son mariage peut léguer au mari une somme équivalente au plus à la moitié de la valeur de l'immeuble dotal.

(76) D'après le droit romain, l'âge requis pour tester était de 14 ans pour les hommes et 12 ans pour les femmes. *Dig.*, liv. XXVIII, tit. I, loi 5.

Dans ces coutumes comme dans celles de Larroque, le même âge, 14 ans, est prescrit pour les femmes et pour les hommes.

(77) *Adescofes*, sans avoir reçu les sacrements de l'Église, puis, sans avoir fait de legs pieux.

Ades cofes, après avoir reçu les sacrements de l'Église, après avoir fait un legs pieux.

Les *Establ. de saint Louis* (liv. I, ch. lxxxix) adjugent au seigneur les meubles de celui qui mourait *descofes*.

(78) Le chapelain ou curé tenait lieu de notaire dans les testaments. — Les prud'hommes et le curé remplacent les 7 témoins exigés par la loi romaine (*Inst.*, liv. II, tit. X, n° 14). Puis, comme nous l'apprend Beaumanoir (ch. xii, art. 49), 2 témoins dignes de foi suffisent pour faire preuve d'un testament verbal. Le Code civil (art. 971) exige la présence de 2 notaires et de 2 témoins ou d'un notaire et de 4 témoins.

(79) La plupart des chartes latines exigent un inventaire régulier avant que les consuls entrent en possession d'une succession en deshérence; il n'en est pas de même dans celles rédigées en roman.

(80) Cette règle est l'application de l'axiome : « Non est successio nisi deducto œre alieno. » Aussi la veuve et les créanciers sont toujours payés en l'absence de tout héritier.

(81) L'homenage ou hommage, de *hominium, hominagium, homenagium*, est le lien de dépendance personnelle entre le seigneur et son vassal. — Les villes, cherchant à s'agrandir, stipulaient dans leurs coutumes que les étrangers qui viendraient s'y fixer seraient libres de tout servage.

(82) On ne voulait pas que les créanciers de Clermont fussent victimes du départ de leurs débiteurs. Tout en reconnaissant la liberté de translation, les coutumes sauvegardent ainsi les intérêts des habitants.

(83) Ces dispositions pénales sur l'adultère se retrouvent dans la plupart des textes de coutumes du treizième siècle. V. *Cout. d'Agen*, ch. xix; *Cout. de Larroque*, ch. lix; *d'Auvillars*, ch. xvii; *de Prayssas*, 13; *de Sé-*

rignac, art. 22. La peine prononcée était plus scandaleuse que le délit lui-même; elle devait être fort rare.

(84) L'amende est ici assez élevée; dans les cout. de Larroque elle est de 20 sous, et dans celles d'Agen de 5 sous arnaudins.

(85) Ce mot manque dans le texte, mais il se trouve dans une disposition analogue des coutumes de Larroque.

De *signare*, marquer; *reis stigma vel signum imprimere*. La marque, peine très commune au moyen âge et dans l'Inde, n'a disparu de notre législation qu'en 1832.

(86) La peine du pilori, admise par le code pénal de 1810, et conservée par la législation de 1832, a été abolie par le décret du 12 avril 1848.

(87) Il est fait ici allusion au ch. xv où il est dit que les biens meubles et immeubles de l'homicide seront confisqués au profit des seigneurs de Clermont.

(88) V. Ducange : *Peleginmentum*. Que veut dire *peleiar?* Commettre un viol, disent les *Coutumes d'Auch* (art. 45) : « Si aliquis per vim cognoscerit mulierem maritatam. »

Cependant le viol était puni de mort : *quicunques est pris en cas de feme efforcier, il doit estre traîné et pendu*.

M. Mouillié (note 261 des *Coutumes de Larroque*) pense que *pelejar* a le sens de *stuprare*, souiller, attenter à la pudeur, violer, *séduire* et désignerait le *rapt de séduction*. Le séducteur n'était passible que de peines légères. Les *Institutes* (liv. IV, tit. XVIII, 4) et le *Concile de Trente*, sess. XXIV, cap. vi, l'obligeaient à épouser la victime de l'attentat.

(89) De *macellarius*, *macellator*, *macella*, boucher. Au moyen âge, comme aujourd'hui encore, les bouchers portaient leur viande au marché. La viande était étalée sur les bancs que le seigneur faisait construire et entretenait, moyennant un prix de location.

La viande devait être saine et de bonne qualité et toute viande d'animal malade ou mort de maladie devait être mise à part et déclarée comme telle avant d'être vendue. Les bouchers sont soumis à la taxe et leur bénéfice est fixe.

(90) Le passage analogue des coutumes de Larroque porte : *los quatre sotz*.

(91) Des pétrisseuses, de *pistare*, pétrir. — V. Ducange : *Pistoressa*.

(92) La *carteyra* est une mesure encore en usage dans le pays d'Agen : le *cartonat*, le *quartaïl*; sa capacité est variable.

(93) Du latin *ducillus* ou *docellus* (V. Ducange, *ducillus*), petit morceau de bois qui ferme le trou de la barrique. Tout le vin qui s'écoulait une fois le douzil retiré, était confisqué et il ne restait au débitant que ce qui se trouvait au-dessous du trou.

(94) A Agen on brisait la mesure au lieu de la brûler (V. ch. xiv des *Cout.*). A Larroque, on la brûlait comme à Clermont (V. ch. lxx des *Cout. de Larroque*).

(95) 1 boisseau sur 16, soit environ 6 pour 100.

(96) En latin, *stabilimentum*, ordonnance, statut, acte de l'autorité publique. L'autorité municipale avait le droit de procéder par voie de *statuts;* cette prérogative existe aujourd'hui sous la dénomination d'*arrêtés* garantis par l'art. 471 (n° 15) du Code pénal.

(97) Dans le silence de la loi locale, on recourait au droit écrit, c'est-à-dire au droit romain. Cette règle était généralement suivie dans les coutumes du Midi.

(98) L'art. 49 des *Coutumes d'Agen* exempte les notaires de toutes charges municipales : « E li notari devo estre francs de questa e d'ost de vila.

(99) Le chap. XLIX des *Cout. d'Agen* donne aux notaires *plenera auctoritat de far gencralment e universalement cartas, instruments, notas, prothocols, actes escriure, testimonis examinar et publicar aquels.*

L'art. 24 de la *Coutume de Solomiac* (de 1327) publiée par M. Bladé dans les *Cout. municipales du Gers* détermine ainsi l'autorité attachée aux actes des notaires :

« Instrumenta facta a publicis notariis illam habeant firmitatem quam publica instrumenta. »

(100) Les notaires étaient alors au service du public et des tribunaux, ayant les attributions des notaires actuels et des greffiers.

(101) Les honoraires des notaires d'Agen varient de 2 à 12 deniers.

(102) Le délit *arescot* est un délit caché, commis en secret. de *recondere* et *rescondere*, cacher.

Le délit *aparen* est celui qui est commis publiquement, de *apparenter.*

Cet article a beaucoup d'analogie avec l'art. 74 des *Cout. de Larroque* et l'art. 33 des *Cout. de Prayssas.*

V. l'art. 388, § 3 du *Code pénal.*

(103) *Saint-Urcisse.* — Commune du canton de Puymirol, arrondissement d'Agen.

(104) Ruisseau de Nègue-Vieilles qui se jette dans la Barguelonne au lieu de Roudès.

(105) On voit par ce passage que l'évêque d'Agen était le suzerain des seigneurs de Clermont-Dessus.

(106) Gens de la maison, agents et serviteurs de toute sorte. On a dit ensuite *mesnie* ou *mesnée* : de là est venu le mot *ménage.* V. Ducange : *Maisnada.*

(107) Ici finit le plus ancien texte des coutumes.

(108) Le deuxième jour de l'issue du mois de février est, en style actuel, le 27 février, un lundi en 1262.

(109) Le même Poncius Mainardi, notaire public d'Agen, écrivit 8 ans plus tard. le 25 mai 1270, la charte de coutumes de Larroque-Timbaud.

(110) Alphonse, comte de Poitiers et de Toulouse, frère de Louis IX, mort en 1271.

(111) Guillaume II, évêque d'Agen de 1247 à 1263, appelé à cette époque à l'évêché de Jérusalem.

Son successeur Guillaume III fit son entrée à Agen le jour de la fête de sainte Madeleine, porté par les barons de Clermont-Dessus, de Fossat de Boville, de Madilhan et de Fumel. (*Gallia christiana,* II, col. 918).

E. H. RÉBOUIS.

TABLE ALPHABÉTIQUE

FIN DE LA TABLE ALPHABÉTIQUE

CORBEIL. — Typ. et stér. de CRÉTÉ.

www.ingramcontent.com/pod-product-compliance
Lightning Source LLC
Chambersburg PA
CBHW070943280326
41934CB00009B/1997